구석구석 우리문화 3

들썩들썩 우리 놀이 한마당

구석구석 우리문화 3
들썩들썩 우리 놀이 한마당

초판 1쇄 발행 | 2012년 3월 20일
초판 12쇄 발행 | 2024년 8월 20일

지은이 | 서해경
그린이 | 우연이
펴낸이 | 조미현

책임편집 | 황정원
디자인 | 씨오디Color of Dream

펴낸곳 | (주)현암사
등록일 | 1951년 12월 24일 · 제10-126호
주소 | 04029 서울시 마포구 동교로12안길 35
전화 | 02-365-5051 팩스 | 02-313-2729
전자우편 | child@hyeonamsa.com
홈페이지 | www.hyeonamsa.com
인스타그램 | www.instagram.com/hyeonam_junior
블로그 | blog.naver.com/hyeonamsa

글 ⓒ 서해경, 2012
그림 ⓒ 우연이, 2012

ISBN 978-89-323-7318-8 74600
      978-89-323-7302-7(세트)

- 이 책은 저작권법에 따라 보호를 받는 저작물이므로 저작권자와 출판사의 허락 없이 이 책의 내용을 복제하거나 다른 용도로 쓸 수 없습니다.
- 지은이와 협의하여 인지를 생략합니다.
- 책값은 뒤표지에 있습니다. 잘못된 책은 바꾸어 드립니다.

KC	제품명 도서	전화 02-365-5051
	제조년월 2024년 8월	제조국명 대한민국
	제조자명 (주)현암사	사용연령 8세 이상
	주소 서울시 마포구 동교로12안길 35	

주의: 책 모서리에 부딪히거나 종이에 베이지 않도록 주의해 주세요.
- KC 마크는 이 제품이 공동안전기준에 적합하였음을 의미합니다.

구석구석 우리문화 3

들썩들썩 우리 놀이 한마당

글·서해경 그림·우연이

현암사

차 례

놀이마당을 펼치며 • 8

첫 번째 놀이마당 힘겨루기

이야기로 만나는 놀이

씨름으로 조선의 자존심을 지킨 김여준 • 14

으라차차, 씨름 • 18

물 흐르듯 부드럽고 강한 태껸 • 24

한 다리로 버텨요, 닭싸움 놀이 • 27

이영차 이영차, 줄다리기 • 29

두 번째 놀이마당 지능겨루기

이야기로 만나는 놀이

바둑으로 망한 사내 • 36

검은 돌, 흰 돌로 싸워요, 바둑 • 42

장군이요, 멍군이요, 장기 • 45
누구나 쉽게 둘 수 있는 고누 • 48
일곱 개의 교묘한 조각, 칠교 • 50
실로 만드는 손가락 놀이, 실뜨기 • 52
누가 더 빨리 승진할까, 승경도 • 54

세 번째 놀이마당 기술겨루기

이야기로 만나는 놀이

연을 이용해 군사의 사기를 북돋운 김유신 • 58

높이높이 솟아라, 연날리기 • 64
명중이요! 활쏘기 • 67
쏙 들어가라, 투호 • 69
딱 하고 공을 치자, 장치기 • 71
윙윙 돌고 돌아요, 팽이치기 • 73
하나 둘 셋 넷, 제기차기 • 75
돌을 던져 돌 넘어뜨리기, 비석치기 • 77

메뚜기를 쳐라, 자치기 • 80
다리를 튼튼하게, 줄넘기 • 83
내 다리로 뛰어다니는, 죽마타기 • 85
밀어라 굴러라, 그네뛰기 • 87
쿵쿵 뛰어 보자, 널뛰기 • 89
일 년, 이 년, 삼 년, 공기놀이 • 91

네 번째 놀이마당 한데 어울리기

이야기로 만나는 놀이

저희의 등을 밟고 건너소서 • 96

사람으로 만든 다리, 놋다리밟기 • 99
윷 나와라, 윷놀이 • 103
팔도 유람을 떠나요, 남승도 • 106
닭을 쫓아 뛰어요, 포계지희 • 108

밀어라 눌러라, 차전놀이 • 109
꼭꼭 숨어라, 술래잡기 • 112
이거리 저거리 각거리, 다리셈 놀이 • 114
신명 나게 돌아 보세, 강강술래 • 116
달밤에 거닐어요, 다리밟기 • 120
쌩쌩 돌팔매질을 하자, 석전 • 121
활활 불타라, 쥐불놀이 • 124

놀이마당을 나서며 • 126

참고한 자료 • 128

머 리 말

놀이마당을 펼치며

방학이라며 조카들이 왔어. 점심을 먹고 나자, 한 녀석은 소파에 기대 앉아 게임기를 가지고 퍼즐을 풀고, 또 한 녀석은 컴퓨터 게임을 하더구나. 어떤 게임인지 궁금해서 슬쩍 보니, 축구 게임이었어. 조카는 축구 선수 중에 한 명을 가리키며 "이게 나예요."라고 말했지. 그 선수는 조카 대신 축구공을 차고 상대 선수를 따돌리며 열심히 달리고 있었어. 컴퓨터 게임 속에서 말이야.

옆에 앉아 조카의 게임을 보는데, 문득 이런 생각이 들었어. '땀이 나지 않고 숨도 차지 않는 축구라니? 그리고 축구를 좋아하면 직접 하면 되지, 그 재미있는 축구를 왜 남에게 대신하라고 하고 자기는 구경만 할까?' 조카는 게임 속 축구 선수를 조종하니까, 직접 축구를 하는 것과 마찬가지라고 하더군. 친구들은 어떻게 생각해? 물론 운동장에서 축구를 직접 즐기는 친구들도 많지만, 내가 어렸을 때는 컴퓨터도 게임기도 없었으니까, 축구는 당연히 직접 운동장을 뛰어다니며 가죽 공을 차는 축구뿐이었어. 게임기 속

에서 나를 대신해 그래픽 이미지로 만든 선수가 축구를 할 거라고는 상상할 수도 없었거든.

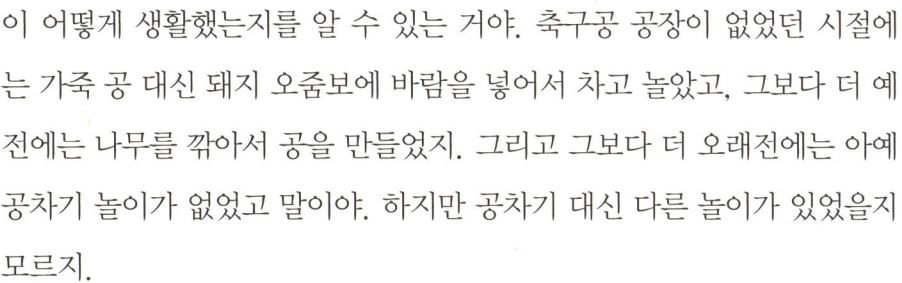

이처럼 놀이는 그 시대 사람들의 생활에 따라서 자꾸만 변한단다. 그래서 그 당시 사람들의 놀이를 알면, 사람들이 어떻게 생활했는지를 알 수 있는 거야. 축구공 공장이 없었던 시절에는 가죽 공 대신 돼지 오줌보에 바람을 넣어서 차고 놀았고, 그보다 더 예전에는 나무를 깎아서 공을 만들었지. 그리고 그보다 더 오래전에는 아예 공차기 놀이가 없었고 말이야. 하지만 공차기 대신 다른 놀이가 있었을지 모르지.

그럼, 놀이는 어떻게 시작되었을까?

옛날에는 신에게 제사를 지내고 나면 잔치를 하며 춤을 추고, 노래를 부르고, 힘을 겨루는 시합을 해서 신을 기쁘게 하려고 했어. 그것이 자연스럽게 놀이로 변했다는구나.

생활 속에서 하던 행동이 놀이로 변한 것도 있어. 활쏘기, 칼쓰기, 씨름 등은 먹을 것을 구하기 위해 사냥을 하고, 적을 막기 위해 했던 행동이 점차 놀이로 바뀐 거야.

우리 조상들은 주로 농사를 지으며 살았기 때문에 전통 놀이도 농사와 관련이 깊어. 겨울 방학이 있듯이, 농사일도 겨울엔 한가했지. 추워서 농사를 짓기 어려우니까 말이야. 그래서 겨우내 방에서 갑갑하게 움츠려 지내던 사람들은 함께 모여 놀이를 하며 즐겁게 시간을 보냈어. 그리고 옛날에는 주로 농사를 짓고 함께 모여 일했기 때문에 마을 사람들끼리 단결하는 것이 중요했지. 그래서 대동놀이처럼 여럿이 힘을 모아 함께 놀이를 하고, 또 풍년을 기원하면서 편을 지어 이웃 마을 등과 대결을 하는 놀이가 발달한 거야.

지금 우리가 즐기는 놀이 중에도 아주 오래전부터 우리나라 사람들이 즐겨 온 놀이들이 많이 있어. 제기차기, 윷놀이, 팽이 돌리기, 연날리기, 줄다리기, 씨름, 그네, 골프(타구), 말타기 등이 수천 년 전부터 우리나라에서 즐겨 온 놀이야. 이렇게 오랜 시간을 거쳐 전해지는 놀이를 전통 놀이라고 해.

대부분의 전통 놀이는 겨루기 형식의 놀이야. 팔씨름처럼 상대방과 힘을 겨루고, 투호나 연날리기처럼 기술을 겨루고, 바둑이나 장기처럼 지능을 겨루며 승부를 내는 놀이가 많지. 그리고 여럿이 함께 즐기는 놀이, 마을 사람 전체가 참여하는 대동놀이는 이웃 마을과 겨루는 놀이란다. 하지만 승부보다는 놀이를 하면서 얻는 즐거움 자체를 더 중요시했지.

우리 전통 놀이는 주로 '마당'에서 펼쳐졌어. 예쁘게 잔디를 심고 꽃과 나무를 가꾸는 마당이 아니라, 사람이 자유롭게 뛰어놀고 힘차게 일을 하는 마당이란다. 집 앞을 지나가는 사람들은 누구나 들어와서 함께 어울리는 '열린 마당'이지. 그래서 마당에서 하는 전통 놀이를 '마당놀이'라고도 한단다. 우리 조상들은 마당 한복판에 멍석을 깔고, 혹은 담벼락 밑이나 마당 한구석에 모여 놀이를 즐겼어. 대동놀이는 마을의 큰 마당(공터)에 모여 즐겼고 말이야.

앞에서 본 것처럼, 전통 놀이를 알면 우리 조상들이 어떻게 생활했고, 어떤 생각을 가지고 살았는지를 짐작할 수 있어. 전통 놀이 속에는 우리 민족이 살아 온 역사가 들어 있는 거야. 동물을 사냥할 때 사용했던 활쏘기와 칼쓰기가 점차 전투 무기로, 심신 단련을 위한 무예로, 또 즐거움을 위한 놀이로 변한 것처럼, 생활이 바뀌면 놀이도 변화하기 때문이야. 또 사방이 막힌 좁은 곳에서 혼자 놀기보다는, 열린 마당에서 누구나 함께 어울려 즐기며 살았다는 것도 알 수 있지.

우리가 역사를 공부하고 지혜를 얻는 것처럼 전통 놀이는 우리에게 많은 이야기를 들려준단다. 하지만 전통 놀이가 더 좋은 것은, 지혜뿐 아니라 '재미'까지 준다는 거야.

어때, 우리 전통 놀이 속에 어떤 이야기와 재미가 숨어 있는지 함께 알아보지 않을래?

첫 번째 놀이마당

힘겨루기

이야기로 만나는 놀이

씨름으로 조선의 자존심을 지킨 김여준

"봉림 대군, 저들의 경기를 보니 어떻소? 정말 대단하지 않습니까? 우리 청나라에서도 내로라하는 장사들이지요."

함께 씨름 경기를 구경하던 청나라의 관리가 자랑입니다.

"예. 참으로 늠름한 장사로군요."

뒤에 조선의 17대 임금, 효종이 되는 봉림 대군이 공손하게 대답했습니다.

"하하하. 아마 조선에는 이렇게 힘이 세고 기술이 뛰어난 장사가 없을 겁니다. 그런 장사가 있다면, 대군이 우리 청나라에 인질로 와서 고생하실 리가 없지요. 하하하."

봉림 대군은 조용히 미소만 지었습니다.

병자호란에서 청나라에 진 조선은 왕자들을 청나라에 인질로 보내야 했습니다. 청나라의 관리는 그것을 비꼰 것입니다.

이 모습을 지켜보며 봉림 대군을 모시는 신하들은 입술을 깨물었습니다.

'저 녀석들이 자신들의 전쟁에 대군마마와 우리를 억지로 끌

어들인 것도 부족해서 이제는 모욕까지 주는구나. 대군마마가 모욕을 당하고 계신데도 이렇게 보고 있어야만 하다니…….'

"조선의 김여준이란 자가 무예가 뛰어나다 들었는데, 괜찮으시면 저와 씨름 한판 겨루기를 청합니다."

경기에 참가한 모든 사람을 이긴 우거란 장수가 봉림 대군 앞에 버티고 서서 소리쳤습니다.

"이런 이런. 우거 장수가 시합을 청하는데, 어떠십니까? 혹 대군 밑에 있는 김여준이란 자가 시합에 나설 수 있을는지요?"

"하하하. 너무 무리하실 것은 없습니다, 대군. 우거 장수가 워낙 대단한 장수이니, 김여준이 시합에 나갈 용기가 없다고 한들, 흠이 되지 않을 테니까 말이죠."

"하하하하."

청나라의 관리들은 봉림 대군과 신하들을 비웃었습니다. 봉림 대군은 여전히 얼굴에 미소만 띤 채, 아무 말이 없었습니다.

"대군, 허락하신다면 제가 맞서 보겠습니다."

김여준이 앞으로 나섰습니다.

"그러겠는가?"

"예, 대군. 이곳에 모이신 분들의 흥을 돋우어 드리고자 비록 부족한 재주라도 힘껏 겨루어 보겠습니다."

봉림 대군은 고개를 끄덕였습니다.

"우거 장수, 손님으로 오신 분들이니 단숨에 이기지는 마시게. 대군의 체면을 봐서라도 말일세. 하하하하."

"그럼 제가 조선의 씨름을 보여 드리겠습니다. 단, 목숨을 보장할 수 없는데 괜찮으시겠습니까?"

"허허허허. 그럽시다. 설마 내가 조선 따위의 작은 나라 장사에게 지기야 할라고? 당신의 목숨이나 보존하도록 하시오."

"지금은 전쟁 중이니, 지금 이곳에서 어느 누가 죽더라도 군법으로 상대방에게 죄를 묻지 않을 것이오."

우거와 김여준은 서로를 노려보며 마주 섰습니다. 힘이 비슷비슷해서 어느 한 사람도 함부로 기술을 쓸 수가 없었습니다. 김여준은 맞댄 어깨와 팔을 통해 상대방의 힘과 기술을 느낄 수 있었습니다. 아무 기술도 없이 그

저 서 있기만 하는 듯 보이지만, 두 장사가 온 힘을 다해 맞서고 있다는 것은 가쁜 숨과 얼굴을 타고 떨어지는 땀방울을 보면 알 수 있었습니다. 한동안 허리를 맞잡고 있던 두 사람이 서로 거리를 두며 떨어졌습니다.

우거가 한숨을 돌리는 순간, 김여준이 달려들어 우거의 코를 쳤습니다. '윽!' 하는 소리를 내며 우거가 고개를 돌리는 순간, 김여준은 있는 힘껏 우거를 어깨 너머로 둘러메어 바닥에 내리쳤습니다.

"억!"

짧은 비명과 함께 쿵 하는 커다란 소리가 사방에 퍼졌습니다.

우거는 목부터 바닥에 떨어졌습니다. 그리고 다시는 일어나지 못했습니다.

"이, 이럴 수가……."

청나라 사람들은 깜짝 놀라 모두 자리에서 벌떡 일어났습니다. 모두 벌어진 입을 다물지 못한 채, 피를 흘리며 쓰러진 우거를 멍하니 바라보고만 있었습니다. 방금 전까지 봉림 대군과 조선을 비웃던 사람들이었습니다.

"심판, 뭐하시오?"

김여준의 말을 듣고서야 심판은 정신을 차리고 김여준의 손을 번쩍 들었습니다.

"승!"

김여준은 봉림 대군을 바라보았습니다. 놀라서 호들갑을 떠는 청나라 사람들 사이에서 봉림 대군은 김여준을 믿음직스럽게 바라보았습니다.

으라차차, 씨름

씨름은 단오, 추석, 설 등의 큰 명절 때마다 행해지는 대표적인 전통 놀이란다. 두 사람이 허리와 허벅지에 샅바를 매고 상대방의 샅바를 거머쥔 채, 힘과 기술을 이용해 상대방을 넘어뜨리는 놀이지.

씨름은 지금도 즐겨 하는 전통 놀이야. 명절 때마다 전국에서 내로라하는 씨름 장사들이 모여 씨름 실력을 뽐내지. 텔레비전에서도 씨름 대회를 볼 수 있고 말이야. 친구들도 학교 운동장이나 거실에서 친구들과 바지춤을 부여잡고 씨름을 한 적이 있을 거야. 그만큼 씨름은 어디서나 쉽게 할 수 있는 놀이야.

씨름은 아주 오래전부터 사람들이 동물이나 적과 싸워서 스스로를 보호하고, 싸워 이기기 위해 했던 행동에서 시작되었어. 그러다 자연스럽게 사람들이 서로 맞잡고 힘을 겨루는 놀이가 되었지. 그래서 세계 여러 나라에서 우리 씨름과 비슷한 전통 놀이를 발견할 수 있어.

우리나라의 씨름은 아주 오래전 삼한 시대부터 시작되었다고 해. 고구려의 씨름무덤, 각저총 벽에 씨름하는 모습이 그려져 있을 만큼 우리 민족이 오랜 시간 즐겨 온 전

각저총 (고구려 시대, 중국 길림성 위치) ⓒWikimedia

통 놀이지. 조선 시대 농촌에서는 모내기나 김매기가 끝났을 때와 추수가 끝난 뒤에 농민들이 노동의 결과를 축하하며 씨름을 했다고 해. 특히 단오에는 남자는 씨름, 여자는 그네타기를 하며 재주와 힘을 겨루었어.

씨름 (김홍도 그림, 18세기, 국립중앙박물관 소장)

씨름 경기에서 우승한 사람에게는 농사에 도움이 되라고 황소를 상으로 주었어. 우승자는 황소를 타고 기세등등하게 온 마을을 돌았고, 농악대가 그 뒤를 따르며 신명 나는 놀이판을 벌였어. 오늘날 씨름 대회를 하면 우승한 장사에게 황소 모양의 상패를 주는 것도 이런 전통을 이어 가는 거야.

앞에서 김여준의 일화에서 보았듯이, 씨름은 예전에는 손으로 공격하는 기술도 있고, 씨름으로 군사 훈련을 했을 만큼 지금보다 격렬했어. 지금의 씨름은 전통 놀이와 운동 종목으로 남아서 손 기술과 발 기술, 들어 올리는 기술을 이용하여 승부를 겨루기 때문에 큰 부상을 입는 일은 드물어.

씨름은 샅바를 어디에 두르는지에 따라 왼씨름, 오른씨름, 띠씨름으로 나뉘지. 왼씨름은 샅바를 오른쪽에, 오른씨름은 샅바를 왼쪽에 끼고, 띠씨름은 띠를 허리에 매고 하는 씨름이야. 지역마다 하는 씨름이 달라서 전국적인 씨름을 할 때 어떤 씨름을 기준으로 해야 할지 혼란스러웠어. 그래서 1927년 조선씨름협회(현재의 대한씨름협회)가 세워지면서 왼씨름으로 경기 방식을 통일해서 지금은 왼씨름만 해.

씨름 기술을 알아보아요

- **왼배지기** : 공격자의 왼발을 상대의 오른발 약간 안쪽에 놓고, 다리 샅바는 위쪽 방향으로 들어 올려요. 허리 샅바는 우측으로 당김과 동시에 허리는 빠르게 회전시켜 시계 방향으로 돌려 넘어뜨려요.

- **잡치기** : 공격자의 몸 중심은 오른쪽 다리에 두고, 상대의 허리 샅바를 공격자의 몸에 가까이 오도록 당겨 상대의 몸을 밀착시켜요. 동시에 다리 샅바를 잡은 왼손을 밑으로 틀어 꺾어 주면서 허리 샅바를 쥔 오른손은 시계 반대 방향으로 틀어 세워서 밀어 주고, 상체, 즉 가슴과 오른쪽 어깨로 상대를 순식간에 꺾어 좌로 틀어 넘기는 기술이에요.

- **안다리 걸기** : 공격자는 왼발을 상대의 오른발 앞으로 이동한 뒤, 허리 샅바를 자기 몸 쪽으로 당겨 몸을 붙이면서 오른발로 상대의 왼쪽 다리를 안에서 밖으로 감아 어깨로 밀면서 넘기는 기술이에요.

- **발목 빗장걸이** : 공격자의 오른쪽 다리에 중심을 두고 상대를 몸 쪽으로 끌어 붙이려고 하면 상대는 대부분 같이 받아 들려고 왼쪽 발을 벌리거나 하체의 중심을 낮게 해요. 이 순간 공격자의 오른쪽 발등을 상대의 왼쪽 뒤축에 대고 밀어 넘어뜨리는 기술이에요.

다양한 씨름이 있어요

- **팔씨름** : 전 세계에서 즐기는 놀이에요. 오른 팔꿈치는 바닥에 댄 채 오른팔을 서로 맞잡고 서로 힘을 주어 손등이 바닥에 닿는 사람이 지는 놀이에요.
- **손바닥씨름** : 두 사람이 마주 서서 손바닥을 부딪치거나 피하며 상대방의 균형을 잃게 만드는 놀이에요.
- **다리씨름** : 두 사람이 마주 앉아서 오른쪽 정강이를 서로 걸고 힘을 써서 상대방의 다리를 당겨 넘어뜨리는 놀이에요.
- **앉은씨름** : 원을 그려서 그 안에서 쭈그려 앉은 두 사람이 서로 밀어서 원 밖으로 밀어내거나 엉덩방아를 찧게 하는 놀이에요. 농사일을 하다 쉴 때, 앉은씨름을 하며 한바탕 웃고 즐겼대요.

세계의 씨름을 소개해요

- **버흐(몽골)** : 오래전부터 몽골에서 즐겨 한 전통 놀이에요. 화려한 무늬의 가죽 장화 구탈과 소원을 담아 무늬를 그린 반바지 소닥을 입고, 샅바의 역할을 하는 조끼인 죠덕을 입고 경기해요. 버흐 선수들은 두 팔을 벌려서 매를 흉내 내는 멋진 춤을 춰요.
- **스모(일본)** : 스모는 놀이라기보다는 신에게 힘을 바치는 의식이에요. 그래서 예의범절을 매우 중요하게 생각하죠. 스모 시합을 하기 전에는 경기장에 소금을 뿌려서 잡귀를 없애요. 또 스모 선수들은 시합을 하기 전에 박수를 치는데, 신에게 감사의 마음을 표현하는 행동이라고 해요. 또 팔을 벌리고 양발을 들어 땅을 세게 밟는데, 나쁜 귀신을 밟아서 쫓아낸다는 의미랍니다.
- **슈아이쟈오(중국)** : 슈아이쟈오은 '각저', '상박' 등으로 불리며, 아주 오래전부터 즐겨 한 중국의 전통 놀이에요. 모습은 씨름과 비슷하지만 기술은 유도와 비슷하고, 힘보다는 기술, 특히 주로 메치기 기술로 공격해요.

버흐(몽골)
@David Lienemann

- **삼보(러시아)** : 러시아는 영토가 넓은 만큼 다양한 씨름이 있었는데, 1939년에 하나의 씨름으로 통일해서 국가적인 운동으로 삼았어요. 그리고 '삼보'라고 이름 붙였는데, '무기 없이 스스로 지킨다.'는 의미를 가지고 있답니다.
- **카라쿠지크, 야울귀레쉬(터키)** : 터키에서는 축제 때 터키의 씨름을 즐겨요. 터키의 씨름은 레슬링과 비슷한데, 카라쿠지크는 '강한 근육을 가진 사람이 이긴다.'는 의미이고, 야울귀레쉬는 '기름 레슬링'이라는 뜻이에요. 상대방 선수가 붙잡을 수 없게 온몸에 올리브 기름을 바르고 경기를 하기 때문이지요.
- **쉬빙겐(스위스)** : 산이 많은 스위스에서 양, 젖소를 지키는 목동들이 심심할 때 서로 힘을 겨루며 놀던 놀이가 '쉬빙겐'이라는 스위스 민속놀이로 발달했어요. 우리나라의 씨름과 달리 긴 바지, 짧은 소매 웃옷에 신발까지 신고 시합을 하지만, 우승자에게 황소를 주는 것은 우리나라와 같답니다.
- **팽, 글리마(아이슬란드)** : 날씨가 추운 아이슬란드 사람들은 추위를 물리치기 위해 씨름을 했다고 해요. 씨름을 하면 열이 나서 몸이 따뜻해지고, 더불어 몸도 건강해지니 일석이조인 셈이지요. 군인들이 맨손으로 공격하거나 방어를 하기 위해 익힌 살상 무예인 팽과 일반인이 즐기는 놀이인 글리마가 있어요.

스모(일본)
@Gusjer

물 흐르듯 부드럽고 강한 태껸

 태껸은 아주 오래전부터 즐겨 하던 우리 전통 무예로 태권도처럼 맨손으로 해. 고구려 춤무덤 벽화에 태껸을 하는 그림이 남아 있고, 신라 화랑은 태껸을 하면서 몸과 정신을 가다듬었다고 하지. 고려 시대에는 군인들이 태껸으로 무예 훈련을 하고, 조선 시대에는 무과 시험의 과목이었어. 하지만 태껸은 점차 일반 백성과 어린이도 힘과 기술을 겨루며 노는 민속놀이가 되었지. 어린이들이 하던 태껸을 '애기태껸'이라고 해.

 태껸은 음악에 맞춰 춤이라도 추듯 부드럽고, 마치 물이 흐르듯 자유로우면서도 쭉 뻗는 다리 동작이 매우 탄력 있고 강한 것이 특징이야. 태권도는 공격보다는 방어를 목적으로 하지만, 태껸은 상대의 공격을 막기보다는 상대를 살피며 상대의 힘이나 허점을 이용해서 탄력 있게 발로 차거나 넘어뜨리는 기술 등으로 공격을 주로 해. 태껸은 몸의 모든 부위로 상대를 공격하되 상대를 움켜잡거나 옷자락을 잡으면 안 돼. 상대의 얼굴을 치거나 상대를 넘어뜨리면 이기지. 상대의 몸을 심하게 다

대쾌도 (유숙 그림, 19세기, 국립중앙박물관 소장)

치게 하는 다른 격투기와는 달리, 우리나라의 태껸과 씨름은 승패를 겨루되 큰 부상이 생기지 않게 배려하는 거야.

　단옷날에는 마을 간에 태껸 시합을 즐겼어. 이것을 '결련태껸'이라 하는데, 시합 날은 온 마을이 잔칫날처럼 들썩였지. 마을을 대표하는 태껸꾼은 최선을 다해 결련태껸을 하고, 시합이 끝나면 이긴 마을은 논농사가 잘되고, 진 마을은 밭농사가 잘된다고 서로 덕담을 하며 함께 모여 즐겼어. 경쟁보다는 마을 간의 화합을 더 중요하게 생각한 거야.

태껸 동작을 알아보아요

- **제겨차기(걷어차기)** : 발등으로 턱 높이를 걷어차요.
- **째차기** : 발등을 안에서 밖으로 째서 어깨 높이로 차요.
- **낚시걸이** : 발을 들어 상대방의 오금을 바깥쪽에서 끌어내요.
- **발등걸이** : 상대방이 차려는 순간, 발장심이(발바닥의 움푹 들어간 부분)로 상대의 발등을 막아요.
- **두발낭상** : 깨끔발로 높이 뛰어올라 얼굴을 걷어차요.
- **물구나무 쌍발치기** : 두 손을 바닥에 차례로 짚고 두 발로 크게 원을 그리며 상대의 얼굴을 차요.

문화재에 남겨진 태껸

경주 분황사 모전석탑 출입문 좌우에 새겨진 인왕상은 태껸 자세를 취하고 있어요. 석굴암 입구에 세워진 금강역사상은 태껸의 기술 중 막기와 겨누기 자세를 하고 있어요.

경주 분황사 모전석탑
(신라 시대, 경북 경주시 위치)
@bifyu

석굴암 금강역사상 (신라 시대, 경북 경주시 위치) @Wikimedia

한 다리로 버텨요, 닭싸움 놀이

닭싸움 놀이는 한쪽 무릎을 앞으로 꺾어서 발을 잡거나 뒤로 꺾어 잡고 상대방과 힘을 겨루는 놀이란다. 놀이 방법이 간단하고 준비물이 필요하지 않아서 요즘도 어린이뿐 아니라 어른도 즐겨 하는 놀이야.

닭싸움이란 이름은 한쪽 다리로 서 있는 모습이 닭이 서 있는 것처럼 불안해 보이고, 또 두 사람이 겨루는 모습이 닭이 싸우는 것과 비슷하다고 해서 지어진 이름이지. 닭싸움 놀이는 한 발로 서 있어서 '외발싸움', '깨금발싸움', 무릎을 부딪쳐 싸운다고 해서 '무릎싸움'이라고도 불러.

> 놀이 방법

❶ 두 사람이 마주 서서 한쪽 다리를 꺾어 올려 발목을 잡는다. 올린 다리는 무릎보다 높게 올린다.
❷ 신호에 맞춰 한 발로 깡충깡충 뛰어 서로 접근한다.
❸ 무릎이나 몸으로 상대를 치거나 밀어서 공격한다. 손으로 공격하면 안 된다. 주저앉거나 들고 있던 발을 놓치면 진다. 또 닭싸움하는 공간을 정했을 경우에는 그 밖으로 나가면 진다.

 같은 이름, 다른 놀이

미얀마의 투계
@Tropenmuseum of the
Royal Tropical Institute(KIT)

전통 놀이 중에는 실제 닭이 싸우는 닭싸움도 있어요. 훈련을 시킨 수탉끼리 싸우게 하는 놀이인데, '투계'라고도 해요. 닭싸움은 닭이 다치거나 목숨을 잃을 수도 있어서 동물 학대라며 반대하는 사람도 많지만, 지금도 태국 등의 아시아에서 많이 하는 전통 놀이에요.

이영차 이영차, 줄다리기

줄다리기는 두 편으로 나뉘어 긴 줄을 서로 당겨서 겨루는 놀이야. 신에게 제사를 지내는 의식에서 시작되었는데, 우리나라뿐 아니라 중국, 일본, 인도, 유럽 여러 나라, 이집트, 남아메리카 등에서도 즐겨 했다고 해. 줄다리기를 하는 방식은 조금씩 차이가 있는데, 에스키모는 두 사람이 줄을 맞잡고 당기며 힘을 겨루고, 아프가니스탄에서는 줄 대신 나무 막대기를 사용했지.

우리나라에서는 정월 대보름에 이웃 마을끼리 서로 편을 나누어 줄다리기를 했어. 줄다리기는 우리나라에서 어떻게 처음 시작되었을까? 여기에는 몇 가지 이야기가 전해지고 있어. 하나는, 용과 비슷하게 생긴 긴 줄을 당기는 데에서 시작되었다는 거야. 물은 농사에 아주 중요하니까 물의 신인 용을 기쁘게 해서 풍년과 마을 사람들의 안녕을 바란 거지. 또 물의 신 용 외에도 땅 귀신을 위한 신앙에서 시작되었다고도 하고, 줄다리기 시합

으로 풍년과 흉년을 점쳤다고도 하지. 줄다리기 시합에서 이긴 마을에는 풍년이 든다고 했어. 이긴 마을이 진 마을의 밧줄을 차지해 냇물의 보를 막는 데 사용해서 물 걱정 없이 농사를 지을 수 있었기 때문이래.

정월이 시작되면 마을 남자들이 집집마다 돌며 그동안 모아 둔 짚을 거둬. 그렇게 산더미처럼 모은 짚으로 새끼줄을 꼬고, 그 새끼줄을 모아 더 굵은 새끼줄을 꼬아서 점점 더 굵은 밧줄을 만들지. 줄은 암줄과 수줄이 있는데, 암줄을 맡을지 수줄을 맡을지 상대편 마을과 미리 정해서 만들어. 암줄과 수줄은 비슷하게 생겼지만, 줄 머리에 '도래'라고 부르는 고리의 크기가 달랐어. 암줄 머리가 더 컸지.

이렇게 며칠 동안 밧줄을 만들면, 마을 청년들은 밧줄에 부정이 타서 시합에 지지 않게 단단히 지키지. 밧줄을 넘는 사람은 운이 좋아진다고 믿어서 몰래 밧줄을 넘는 사람이 있었거든.

대보름날이 되면 아이들이 먼저 이웃 마을 아이들과 '애기줄다리기'를

했어. 어른들의 줄다리기 시합 전에 하는 예비 시합 같은 것이지. 애기줄다리기가 끝나면 이제 온 마을 사람이 나서서 거대한 용처럼 꿈틀거리는 밧줄을 어깨에 지고 시합장으로 나서. 줄다리기는 아직 농사를 짓기 전인 들판이나 넓은 강가에서 했는데, 두 마을 사람들이 기세등등하게 깃발을 휘두르고 농악을 울리며 밧줄을 옮기는 것도 아주 대단한 볼거리였어.

ⓒSteve46814 at en. wikipedia

각 마을에서 운반한 암줄과 수줄이 만나면 수줄의 머리를 암줄 머리에 끼우고 굵은 비녀목을 끼워. 그렇게 두 줄이 하나로 이어지면 드디어 줄다리기가 시작되는 거야.

"이영차! 이영차!"

줄을 당기는 사람들은 입을 모아 구령을 외치며 한마음이 되어 줄을 당겼지. 지휘자는 깃발을 휘두르며 자기 편 마을 사람들의 기세를 돋우고 말야.

줄다리기가 끝나면 사람들은 이긴 마을의 줄을 잘라 갔어. 이 줄이 행운을 가져다준다고 믿었거든. 오랜 시간 동안 줄다리기를 함께 준비한 마을 사람들은 신나는 농악에 덩실덩실 춤을 추고 준비한 음식을 나눠 먹으며 잔치를 벌였지.

한 마을에서 남자와 여자가 편을 나눠서 줄다리기를 하기도 했어. 그런데 남자보다 힘이 약한 여자 편이 불리하니까, 결혼을 안 한 남자나 노인들이 여자 편을 도왔어. 여자들 뒤에서 함께 줄을 당기거나 줄다리기를 하는 남자 편을 방해해서 여자 편이 이기게 했지. 여자 편이 이겨야 풍년이 든다고 믿었거든.

 ## 줄다리기 밧줄은 어떻게 만들까요?

줄다리기에 사용하는 밧줄을 논농사 짓는 곳에서는 볏짚으로, 경상도에서는 칡넝쿨을 이용해 만들었어요. 밧줄은 몸줄과 곁줄로 되어 있는데, 몸줄은 두께가 1미터, 길이도 100미터가 넘어요. 예전에는 어른이 몸줄에 앉으면 다리가 땅에 닿지 않을 정도였다니 그 크기를 짐작하겠죠? 줄다리기를 할 때는 몸줄이 너무 두꺼워 당기지 못하고 몸줄에 달린 곁줄을 당겼어요.

줄다리기가 올림픽 종목이었다고요?

1900년 파리 올림픽 ⓒWikimedia

줄다리기는 1900년 제2회 파리 올림픽에서 1920년 제7회 안트베르펜 올림픽까지 육상 경기의 정식 종목이었어요. 그러다 국제올림픽위원회가 선수가 많이 필요한 단체 경기를 제외하는 바람에 올림픽 종목에서 사라졌지요.

제4회 런던 올림픽 때 영국과 미국이 줄다리기 결승전에 올랐는데, 영국팀 선수들이 바닥에 뾰족한 징을 박은 신발을 신고 나왔어요. 미국팀이 항의하며 기권하는 바람에 영국이 줄다리기에 걸린 금메달 3개를 모두 차지한 일화가 유명해요.

두 번째 놀이마당

지능겨루기

 이야기로 만나는 놀이

바둑으로 망한 사내

"이보게, 하두강. 이번엔 뭘 가지고 왔나?"

"나야 항상 비단이지. 그런데 언제 봐도 고려의 벽란도는 사람들과 상품이 넘쳐 난단 말이야. 하하하."

하두강은 고려와 가장 활발하게 무역을 했던 중국 송나라의 무역 상인입니다. 한 해에 여러 차례 비단을 팔러 예성강의 벽란도를 들락거렸지만 벽란도를 제대로 구경조차 못했답니다. 이번엔 하두강도 벽란도를 천천히 구경하며 며칠 쉬다 가기로 했습니다.

하두강은 이곳저곳을 구경하다 보니 슬슬 배가 고팠습니다. 마침 멀찍이 벽란정 간판이 눈에 띄었습니다. 벽란정은 고려에 온 중국 사신을 대접하는 곳이니 근처에 중국 음식점이 있을 것 같았습니다. 배가 고팠던 하두강은 걸음을 재촉했습니다. 그러다 길모퉁이에서 그만 맞은편에서 오는 부인과 부딪치고 말았습니다.

"어이쿠."

"어머나."

하두강은 이마를 감싸 쥐었고, 맞은편에서 온 부인은 엉덩방아를 찧고 말았습니다.

"아이쿠, 이거 죄송합니다."

얼른 사과를 하던 하두강은 깜짝 놀라고 말았습니다. 넘어진 부인이 굉장히 아름다웠기 때문입니다. 하두강은 가슴이 두근거렸습니다.

'이렇게 아름다운 사람을 만나다니……. 오늘은 내가 운이 정말 좋구

나.'

"저, 저, 저, 부, 부인, 제가 사과의 의미로 차를 대접하고 싶습니다."

"아닙니다. 저 역시 너무 서두르는 바람에 이리 되었으니, 마음 쓰지 마십시오. 그럼."

부인은 뒤도 돌아보지 않고 가던 길을 재촉했습니다. 멍하니 그 뒷모습을 지켜보던 하두강은 무슨 생각에서인지 부인을 뒤쫓기 시작했습니다.

부인은 깔끔하게 잘 가꾼 정원이 있는 집으로 들어갔습니다.

하두강은 다시 그 부인을 볼 수 있을까 싶어 근처를 서성거렸지만 볼 수 없었습니다. 하지만 그 부인의 모습이 잊히지 않았습니다. 결국 하두강은 그 부인을 남편에게서 빼앗기로 결심했습니다.

다음 날부터 하두강은 부인의 남편에 대해 알아보고 다녔습니다. 그 남편이 매일 찾아가는 단골 술집에서 그가 바둑에 사족을 못 쓴다는 사실을 알아냈습니다. 하두강은 바둑을 이용해서 그 남편에게 접근하기로 꾀를

내었습니다.

하두강은 그 단골 술집에서 혼자 바둑을 두며 그 남편을 기다렸습니다. 역시나 남편이 술집에 도착해서는 하두강에게 말을 걸었습니다.

"이거 참 반갑습니다. 나도 바둑 하면 벽란도에서 알아주는 사람인데, 괜찮으시다면 저랑 한판 두시지요."

"상대를 해 주신다니 저야 감사하지요. 그런데 제가 바둑을 둔 지 얼마 되지 않아서 부족한 게 많습니다. 그러니 한 수 가르쳐 주시지요."

하두강은 남편을 추켜세웠습니다.

"이렇게 바둑만 두니 맹숭맹숭하군요. 자고로 내기에는 뭔가를 걸어야 재미가 있는데 말입니다."

하두강이 연달아 바둑에서 지자, 남편은 하두강의 실력이 형편없다고 생각했습니다. 그래서 하두강에게 내기 바둑을 하자고 했습니다.

"그렇군요. 제가 뭘 몰랐습니다. 그럼 이번 판부터 저는 비단을 한 필씩 걸겠습니다."

"그럽시다. 나는 돈을 열 냥씩 걸겠소."

이렇게 해서 하두강은 바둑을 미끼로 매일 남편과 바둑을 두어 비단을 잃었습니다.

"허허허허. 이거 매번 제가 비단을 따기만 하니 민망합니다, 그려. 벽란도까지 비단을 팔러 오신 분에게 이래도 되는 건지, 허허허허."

남편은 좋아하는 바둑도 두고 귀한 비단도 얻으니 신이 났습니다.

그러던 어느 날, 하두강이 말했습니다.

"이왕 비단을 잃었으니, 오늘은 마지막으로 한판 크게 둘까 합니다만, 어떠십니까? 귀공은 바둑 실력이 워낙 좋으시니 문제 없으시겠지요? 이번 바둑에 내 배와 모든 비단을 걸겠습니다. 귀공도 전 재산을 거는 게 어

떻습니까?"

매번 이겼던 터라, 남편은 이길 자신이 있었습니다.

"그럽시다. 당장 바둑을 둬 봅시다."

하두강과 남편은 한 수 한 수 깊게 생각해서 바둑을 두었습니다. 한참이 지나 바둑 한 판이 끝났습니다.

"이게 웬일입니까? 처음으로 제가 바둑으로 귀공을 이겼습니다, 그려."

"그, 그러게요. 허 참, 세상에 이런 일이……."

"그동안 귀공과 바둑을 두며 많이 배운 덕분이겠지요. 그럼 저는 이만 떠나겠습니다."

하두강은 남편에게 깊이 절을 하고 자리에서 일어났습니다.

"자, 잠깐만 기다리시오. 하, 한 판만 더 둡시다. 딱 한 판만!"

바둑 한 판으로 전 재산을 잃은 남편은 하두강을 붙잡았습니다. 하두강은 냉정하게 말했습니다.

"하지만 귀공께서는 전 재산을 다 잃어서 바둑에 걸 재산이 아무것도 없지 않습니까?"

"그, 그렇기는 하지만······. 원하는 것을 말하시오. 내 몸이라도 걸겠소."

남편은 다급하게 외쳤습니다. 하두강은 속으로 미소를 지었습니다.

"그럼, 이번 바둑에 귀공의 아내를 거십시오. 난 귀공에게 받은 전 재산과 내 모든 재산을 걸겠습니다."

전 재산을 잃은 터라, 남편은 마음이 급했습니다. 하지만 아내를 내기에 건다는 것은 마음에 걸렸습니다.

"저는 모든 재산을 거는데, 귀공은 겁이 많으시군요. 아니, 바둑에 자신이 없으신 겁니까?"

하두강은 슬쩍 남편의 자존심을 건드렸습니다. 그러자 남편은 그러마 하고 승낙을 했습니다. '좀 전 바둑은 내가 실수를 한 거야. 설마 내가 저 사람에게 두 번이야 지겠는가?' 하는 자신도 있었습니다.

그러나 이번 바둑에서도 하두강은 단번에 남편을 이겼습니다. 남편은 뒤늦게 후회의 눈물을 흘리며 사정을 했지만 하두강이 들어줄 리 없었습니다.

하두강은 재빨리 남편의 부인을 빼앗아 배에 태워 자기 나라로 돌아가려 했습니다. 부인은 남편이 원망스러웠지만, 남편의 약속을 지켜 주기 위해 아무 말 없이 하두강을 따라 배에 탔습니다. 배에서 하두강은 부인을 계속 유혹하려 했지만, 부인은 하두강을 무시하며 받아들이지 않았습니다.

그런데 이상한 일이 벌어졌습니다. 갑자기 바다 한가운데에서 배가 꼼짝도 않는 거였습니다.

"이상하군. 이렇게 바람이 부는데 어떻게 배가 꼼짝도 않는 걸까?"

배가 움직이지 않는 이유를 알아내려고 하두강은 점을 보았습니다. 점괘는 내기 바둑으로 빼앗아 온 부인을 되돌려 보내야 무사할 것이라고 나왔습니다. 하두강은 하는 수 없이 부인을 벽란도로 돌려보냈습니다.

되돌아온 아내는 기뻐 노래를 부르며 남편을 찾았습니다. 남편은 부인을 잃은 뒤 눈물을 흘리며 후회의 노래를 부르고 있었습니다. 남편이 부른 후회의 노래와 부인의 기쁨의 노래가 바로, 고려 가요로 유명한 '예성강곡'입니다.

검은 돌, 흰 돌로 싸워요, 바둑

바둑을 언제부터 두었는지는 정확하게 알려져 있지 않지만, 약 5000년 전 중국에서 시작되어 삼국 시대 이전에 우리나라에 전해진 것으로 추측되고 있어. 우리나라에서 일본으로 전해졌고 말이야. 바둑은 세 나라 모두에서 아주 인기 있는 놀이였단다. 귀여운 그림도 없고, 시시해 보인다고? 하지만 이 이야기를 한번 들어보면, 바둑이 얼마나 흥미진진한 놀이인지 알게 될 거야.

고구려, 신라, 백제가 호시탐탐 서로를 노리고 있던 삼국 시대 일이야. 고구려의 도림이라는 승려가 백제에 망명을 했지. 백제에서는 유명한 승려가 고구려를 버리고 백제로 왔다며 도림을 환영했어. 특히 백제의 개로왕은 바둑을 좋아했는데, 도림이 바둑을 잘 두어서 왕궁으로 초대해 함께 바둑 두기를 즐겼다고 해.

ⓒFrank and Frances Carpenter Collection

바둑을 둘 때면 도림이 질 듯 말 듯 바둑을 두니, 개로왕은 애가 타서 바둑 두는 것을 멈출 수가 없었지. 그래서 나랏일은 뒷전이고 도림을 불러 바둑만 두었어. 바둑을 두면서 백제의 중요한 일들을 도림과 상의했는데, 도림은 개로왕의 이야기를 잘 들어 주었지. 백제를 위하는 듯 충고도 하면서 말이야.

하지만 도림은 고구려의 첩자였어. 개로왕이 바둑을 좋아한다는 것을 알고 개로왕에게 접근해서 백제의 중요한 비밀을 캐내어 고구려에 알려준 거야. 또 개로왕을 꾀어서 큰 성을 짓게 해 백제의 재산을 낭비하게 하고, 백제 국민들이 왕을 미워하게 만들었어. 하지만 그런 사실을 모르는 개로왕은 바둑을 두면서 도림에게 나랏일을 상의까지 했으니……. 결국 도림이 보낸 정보를 이용해서 고구려의 장수왕이 백제에 쳐들어왔어. 바둑만 두며 나랏일은 나 몰라라 했던 개로왕은 도망을 치다 죽음을 당하고 백제는 전쟁에 지고 말았단다.

얼마나 재미있는 놀이기에 임금이 나랏일까지 소홀하게 만들었을까?

바둑은 두 사람이 네모난 바둑판에 검은 돌과 흰 돌을 두며 노는 놀이야. 바둑판에는 가로세로로 19줄을 긋는데, 가로세로 선이 교차하는 점이 361개 생겨. 그 점을 '집'이라고 하고, 집 위에 검은 돌과 흰 돌을 두는 거란다. 바둑돌은 검은 돌이 181개, 흰 돌이 180개야. 검은 돌을 먼저 두기 때문에 하나가 더 많지.

바둑을 두는 방법은 간단해. 상대의 바둑돌을 포위하면 그 안의 돌은

ⓒDonar Reiskoffer

'죽었다'고 해서 들어내. 그러면 그곳은 빈 집만 남고, 자기 돌이 둘러싼 빈 집은 자기 것이 되는데, 그렇게 해서 집을 많이 차지한 사람이 이기는 거야.

바둑을 두는 방법은 단순해 보이지만 두는 방법이 무궁무진해서, 평생을 노력해도 바둑의 모든 것을 알 수 없다는 말이 있을 정도야. 중국에서는 왕이 아들에게 바둑을 가르쳐 지혜를 키워 주고, 일본에서는 장수들에게 전술을 익히는 데 도움이 된다며 바둑을 권할 정도였단다. 우리나라에서는 임진왜란을 극복하는 데 큰 공을 세운 유성룡이 국수(바둑을 잘 두는 사람)라고 불릴 만큼 바둑으로 유명해. 임진왜란 때 조선을 도우러 온 명나라 장수 이여송이 바둑을 둘 줄 모르는 선조에게 바둑 내기를 걸었어. 재상이자 전략가인 유성룡은 이때도 선조를 도와 이여송의 무릎을 꿇게 했다지. 또 『난중일기』에는 이순신 장군이 전투 중에 틈틈이 바둑을 두었다는 기록이 있을 만큼 바둑은 앞을 내다보는 지혜를 키워 주는 놀이야.

전통 놀이 중에 사라진 놀이가 많고, 또 나이가 많은 사람들이 할 만한 놀이도 많지 않지만, 바둑만은 여전히 사랑받는 전통 놀이로 남아 있지.

장군이요, 멍군이요, 장기

　장기는 두 사람이 장기판 위에 각각 16개의 장기짝을 놓고, 그것을 움직여서 상대의 장기짝을 잡거나 움직이지 못하게 하여 승부를 겨루는 놀이야. 장기판에는 가로세로로 줄이 그어져 있는데, 그 줄을 타고 장기짝을 움직여.

　우리나라의 장기는 중국 진나라 말기의 장수이자 초나라의 왕이 된 항우와 한나라 제1대 황제, 유방의 전쟁을 모방하여 만들어졌어. 『초한지』라는 중국의 역사 소설로도 유명한 항우와 유방의 대결은 오랫동안 사람들의 입에 오르내렸지. 두 나라의 왕, 항우와 유방을 의미하는 가장 큰 장기짝을 '장'이라 하는데, '장'이 잡히면 지는 거야.

　16개의 장기짝은 각자 크기와 이름, 역할과 능력이 달라서, 장기짝을 어떻게 움직여서 상대의 장을 잡을지 전략을 잘 짜야 하지. 그리고 자신의 장기짝이 상대의 장 바로 앞까지 가면 '장군이요!'라고 외쳐. 그러면 상대는 자신의 장을 움직여서 도망을 가거나 자신의 다른 말로 장을 보호하는데, 이때는 '멍군이요!'라고 외쳐.

　장기짝을 자세히 살펴보면, 장기에 적힌 한자가 붉은색과 초록색으로 나뉘는 것을 알 수 있을 거야. 또 한나라는 붉은색에 바른체로, 초나라는 초록색에 흘림체로 글자가 적혀 있지. 장기는 전쟁을 비유하는 놀이라, 각 장기짝 역시 전쟁에 참여하는 사

ⓒtheaucitron

· 45 ·

12세기 아랍 장기 ⓒThe Metropolitan Museum of Art

람, 사물을 상징해.

장기는 인도에서 만들어져서 페르시아와 중앙아시아를 거쳐 중국에 전해졌고, 다시 고려 시대에 우리나라에 전해져서 지금까지 사랑받고 있어. 조선 시대에 영의정까지 지낸 노사신은 장기를 좋아하기로 유명해. 노사신은 특히 장기짝 중에서 전차를 의미하는 '차'를 중요하게 생각했지. 차는 장애물만 없으면 가로세로 선을 따라 아무 데나 갈 수 있어서 가장 위력적인 장기짝이거든. 노사신은 장기를 두다가 상대가 자신의 차를 잡으면 애걸복걸 사정을 해서 차를 돌려받았다고 해. 영의정까지 지낸 사람이 사정하는데 거절하기도 곤란했을 거 같지? 그래서 사람들은 '노정승의 차만큼 오래 살았으면 좋겠다.'고 말하곤 했대.

참, 장기가 만들어진 유래에도 재미난 이야기들이 전해지고 있어. 그중 하나를 들려줄까?

고대 인도의 왕이 현명하기로 소문난 사람에게 명령을 했어.

"특별한 놀이를 만들어 오라. 깊이 생각하며 해야 하고, 앞을 내다보는 지혜가 필요하지만 그 결과는 미리 알 수 없으며, 할 때마다 새로운 방법으로 놀 수 있는 그런 놀이 말이다."

이 사람은 오랫동안 고민을 하다 전쟁을 모델로 한 놀이를 만들어 왕에게 바쳤지. 왕은 그 놀이를 매우 마음에 들어 해서 신전에 보존하게 했는데, 그 놀이가 바로 장기라는 거지.

▸ 장기짝을 알아볼까요?

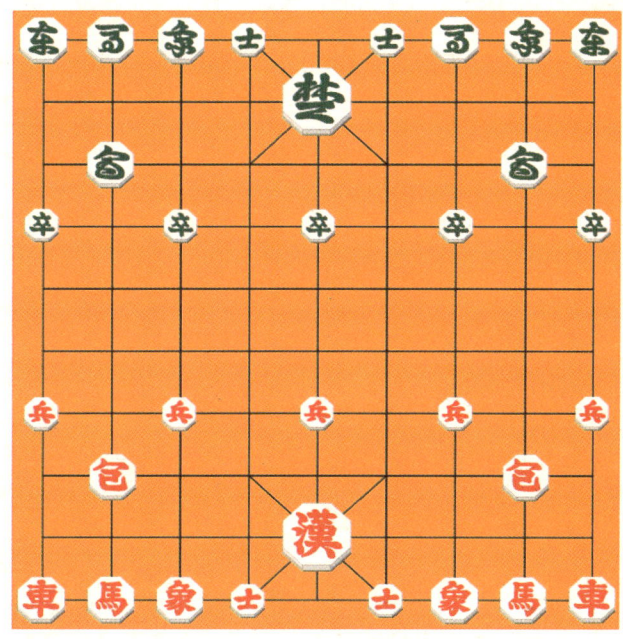

• 한(漢), 초(楚) : 가장 큰 왕을 의미하는 장으로 한나라의 장과 초나라의 장이 1개씩 있어.

• 차(車) : 싸움용 병차를 의미하는 것으로 2개씩 있어.

• 마(馬) : 기마를 의미하는데, 2개씩 있어.

• 상(象) : 코끼리를 의미하고, 2개씩 있어.

• 포(包) : 대포를 의미하고, 2개씩 있어.

• 사(士) : 왕의 호위병을 의미하는데, 2개씩 있어.

• 졸(卒) : 병졸을 의미하는 것으로 5개씩 있는데, 한나라는 '졸' 대신 '병(兵)'이라고 새겨.

누구나 쉽게 둘 수 있는 고누

고누는 돌멩이나 나뭇조각 등으로 만든 말을 고누판에 있는 선을 따라 1칸씩 움직이며 놀아. 언제부터 고누를 했는지는 정확히 알 수 없지만, 어디서나 쉽게 할 수 있고, 특별한 도구가 필요 없으니 윷이나 장기, 바둑보다 더 오래된 놀이일 거야. 통일 신라 시대에 지어진 송림사의 탑에서 고누판이 새겨진 벽돌이 발견되고, 10세기 초의 청자 가마터와 고려 시대의 왕궁인 만월대 터에서 고누판이 발견된 것으로 보아 오래전부터 선조들이 고누를 즐긴 것을 알 수 있어. 조선 시대의 가장 아름다운 정원으로 꼽히는 담양 소쇄원의 마루에도 고누판을 그린 흔적이 남아 있어. 지금도 시골 마을 큰 나무 밑이나 집 담장 아래에 고누판을 그린 흔적이 남아 있을 만큼 특별한 준비물 없이도 쉽게 고누 놀이를 할 수 있어.

고누는 말판의 모양에 따라 여러 종류가 있어. 호박고누, 우물고누, 곤질고누, 네줄고누 등이 있는데, 얼마든지 새로운 고누를 만들 수 있지.

고누는 놀이 방법에 따라서는 두 종류로 나뉘어. 먼저, 호박고누, 우물고누는 고누판에 그려진 선을 따라서 말을 움직이다 더 이상 움직일 수 없게 되면 지는 거야. 그래서 상대의 말이 움직일 수 없게 길을 막는 것이 비결이지. 그리고 곤질고누, 네줄고누는 상대의 말을 잡으면 이기는 고누야. 놀이를 할 때는 우선 고누판을 그리고 각자 자기 말을 준비해. 그리고 고누를 잘 못 두는 사람이 먼저 말을 움직여서 더 유리하게 했어.

놀이 방법

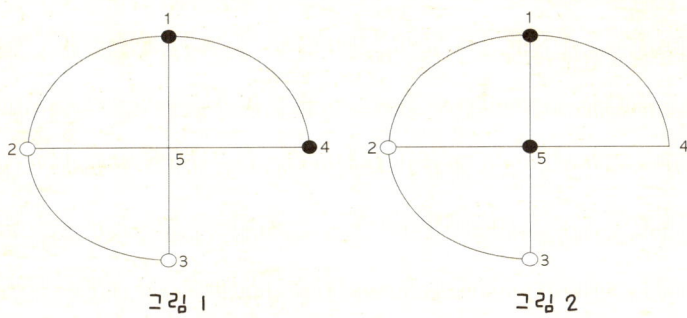

그림 1　　　　　그림 2

우물고누를 해 보자.

❶ 우물고누판을 그린다. 2종류의 말을 2개씩 준비한다.

❷ 먼저 할 사람과 어떤 말을 사용할지 정한다.

❸ 고누판에 위 그림 1처럼 말을 두고 놀이를 시작한다. 1과 4, 2와 3이 같은 사람의 말이다.

❹ 먼저 말을 움직이는 사람이 1, 2의 말 중 하나를 움직인다. 다음 사람부터 말을 한 번에 하나씩 번갈아 움직인다. 단, 선이 없는 3과 4 사이는 지날 수 없다.

❺ 순서대로 자신의 말을 움직이다 그림 2처럼 상대방 말을 5에 몰아넣고 길을 막아 버리면 이긴다.

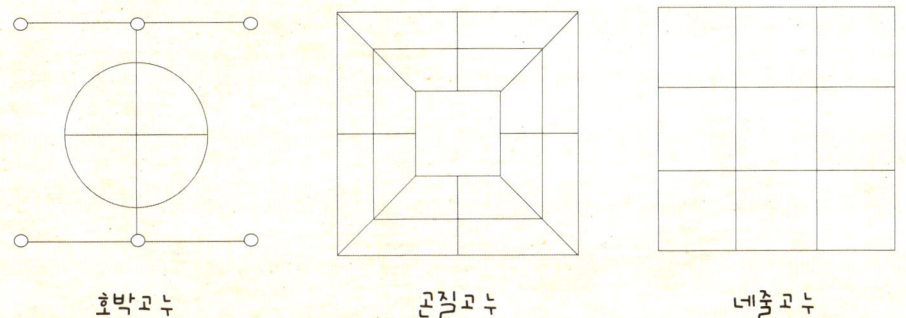

호박고누　　　　　곤질고누　　　　　네줄고누

일곱 개의 교묘한 조각, 칠교

　칠교는 이름 그대로 일곱 개의 교묘한 조각이라는 뜻이야. 정사각형의 판을 일곱 개의 조각으로 나누어 놓은 것이지. 칠교는 기원전 600년경 중국에서 시작되었다고 해. 중국에서는 칠교를 지능을 발달시키는 놀이라고 해서 '지혜판'이라고 불렀지. 우리나라에서는 집에 손님이 왔을 때, 주인이 음식을 준비하는 동안이나 만나려는 사람을 기다리는 동안 지루하지 않도록 칠교를 내놓았다고 해서 '유객판'이라고도 불렀어.

　칠교는 일곱 조각으로 동물, 식물, 글자, 사람의 동작, 물건, 건축물 등 셀 수 없이 다양한 모양을 만들 수 있는 신기한 놀이야. 칠교도(혹은 칠교해: 칠교로 만들 수 있는 다양한 모양을 그려 놓은 책)에 나온 300여 가지의 모양을 따라할 수도 있고, 새로운 모양을 만들 수도 있지. 규칙은 단 하나, 일곱 조각을 모두 사용하는 거야.

　이 놀이는 남녀노소 누구나 즐길 수 있고, 때와 장소를 가리지도 않지. 그래서 우리나라나 중국뿐 아니라, 18세기에 서양에도 전해져서 '탱그램(Tangram)'이라는 이름으로 사랑받고 있어. 나폴레옹도 귀양을 간 곳에서 탱그램을 즐겼다고 해.

칠교 일곱 조각

- 큰 삼각형 2개
- 중간 삼각형 1개
- 작은 삼각형 2개
- 정사각형 1개
- 평행사변형 1개

놀이 방법

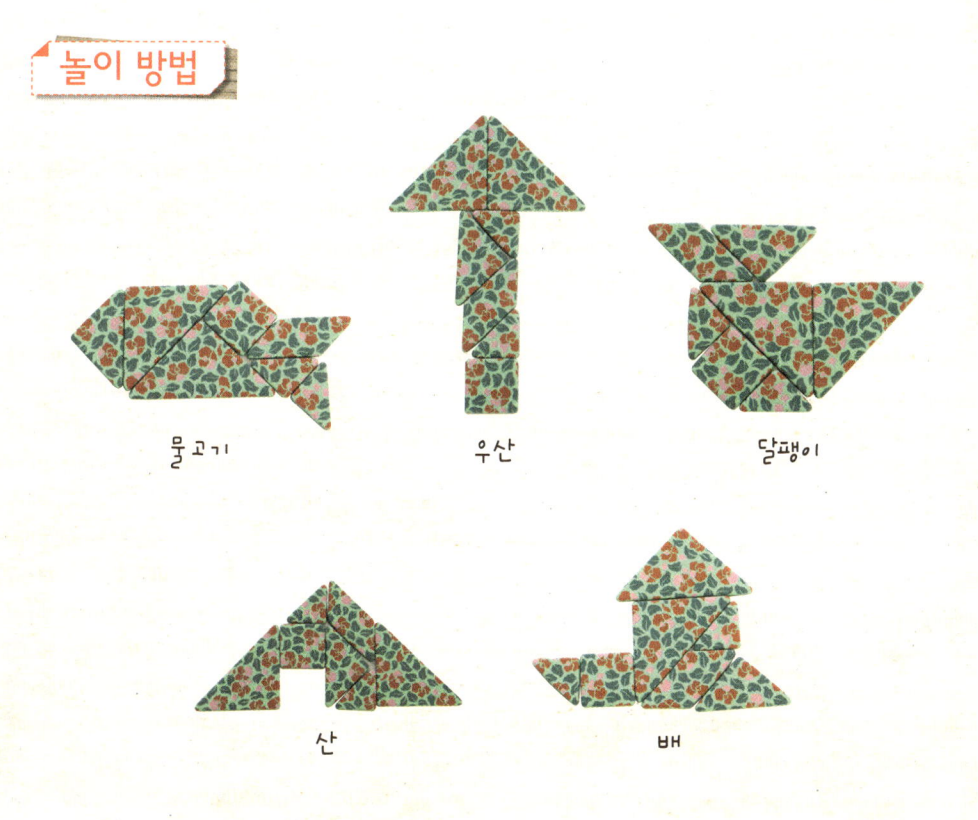

물고기   우산   달팽이

산   배

실로 만드는 손가락 놀이, 실뜨기

실뜨기는 전 세계에서 즐겨 하는 놀이야. 영국의 인류학 탐험대가 전 세계를 돌며 연구를 하다 전 세계에서 실뜨기 놀이를 한다는 것을 발견했는데, 지금까지도 새로운 실뜨기 형태가 계속 발견되고 있어. 우리나라를 비롯한 아시아뿐 아니라, 유럽, 인도, 에스키모, 아프리카 등에서도 실뜨기 놀이를 하고 있지. 우리나라는 실뜨기라 부르지만, 영어로는 '실의 모양', '고양이의 요람'이라고 부르지.

실뜨기로 만들 수 있는 형태는 3,000여 가지나 돼. 인디언, 에스키모들은 실이 만드는 다양한 모양이 신의 뜻과 관련 있다고 믿었어. 그래서 실뜨기에 얽힌 전설도 많다고 해. 에스키모들은 실뜨기로 '시베리아의 집'이라는 모양을 만드는데, 시베리아에 얼음으로 만들어진 집이 갑자기 허물어지면서 그 안에 살던 어린아이 두 명이 도망치는 내용이래. 또 오스트레일리아에서는 '나무를 기어오르는 사나이'라는 모양의 실뜨기가 있어. 어깨를 흔들며 나무를 올라가는 남자의 모습을 표현한 실뜨기지. 각 나라마다 다양한 이야기와 모습을 표현한 실뜨기가 있는 거야.

우리나라에서는 여자아이 둘 이상이 모여 실뜨기 놀이를 했어. 실의 양 끝을 묶고 번갈아 실을 손가락으로 걸어 떠서 바둑판 모양, 소 눈 모양, 절구 모양, 별 모양, 젓가락 모양 등을 만들 수 있지. 실수로 실을 놓치거나 잘못 걸어서 실의 모양이 풀리면 지는 거야. 혹은 모양을 잘못 만들어서 다음 사람이 실을 뜰 수 없으면 져.

> 놀이 방법

별 모양 만들기

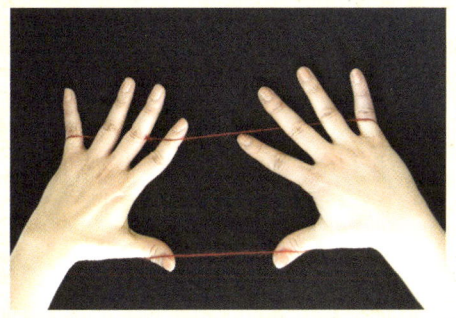

❶ 실을 엄지손가락과 새끼손가락에 건다.

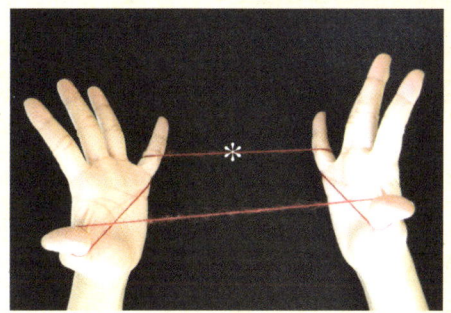

❷ 손을 위로 향한 다음 *줄을 엄지손가락에 건다.

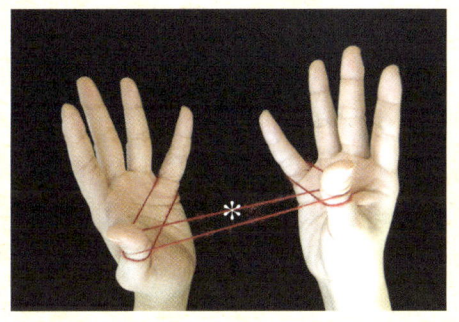

❸ *줄을 새끼손가락으로 건다.

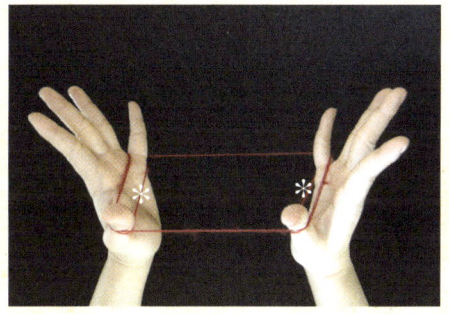

❹ 양쪽의 *줄을 양쪽 가운데 손가락에 건다.

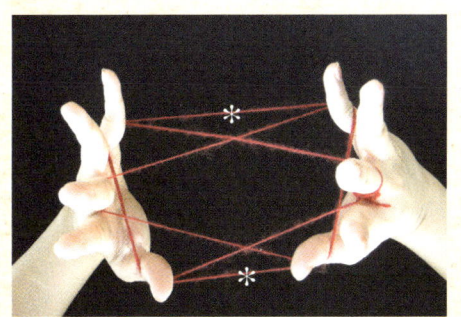

❺ 위아래의 *줄을 놓는다.

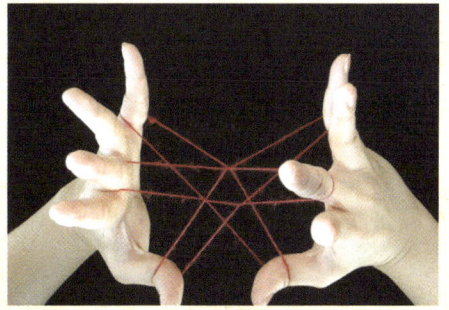

❻ 별 모양이 완성된다.

누가 더 빨리 승진할까, 승경도

　승경도는 조선 태종 때 정승을 지낸 하륜이 만들었다고 해. '종정도', '정경도'라고도 불리지. 『난중일기』에 이순신 장군이 비가 오는 날이면 장수들과 승경도를 한 기록이 있을 만큼 양반들이 즐기던 놀이야.

　양반은 관직에 올라 관료가 되기를 원했어. 관직에 나갈 준비를 하는 양반의 자식들은 관직의 종류와 하는 일, 관리들을 부르는 이름 등 관직 제도에 대해 공부했지. 집에서 살림만 했던 양반 신분의 여자들도 관직을 이해하기 위해 공부를 했는데, 옛날에는 관직 제도가 매우 복잡했어. 그래서 재미있는 놀이를 하면서 어떤 관직이 있고, 그 관직이 하는 일이 무엇인지, 또 어떤 관직이 더 높고 낮은지 등을 쉽게 알 수 있게 했지. 그게 바로 승경도야.

　승경도를 하려면, 큰 종이에 많게는 400개에서 적게는 140개 정도의 칸이 있는 말판이 필요해. 각 칸에 관직 이름을 적는데, 아래쪽부터 위로 갈

수록 더 높은 관직 이름을 적지. 그리고 주사위 역할을 하는 숫자 방망이가 필요해. 무를 오각기둥 모양으로 깎아서 모서리에 1개에서 5개의 홈을 파서 수를 표현했어.

여러 사람이 함께 승경도를 하기 때문에 서로 다른 색깔의 말도 필요해. 이 말은 각기 다른 신분을 표시하는데, 놀이를 시작하기 전에 숫자 방망이를 굴려서 신분을 정해. 문관, 무관, 군졸 등이지. 번갈아 순서대로 숫자 방망이를 굴려서 나온 숫자만큼 자기 말을 이동시켜. 가장 먼저 제일 높은 관직이

승경도 (조선 시대, 국립민속박물관 소장)

적힌 칸에 도착하는 사람이 이기는 거야. 그런데 나오는 칸만큼 이동하는 것만으로는 재미가 없으니까 어떤 관직에 도착하면 특권을 얻을 수 있어. 사헌부[1]와 사간원[2]에 있던 사람이 미리 정한 수가 나오면, 그 사람이 다른 사람의 말을 움직이지 못하게 할 수 있어. 또 관직에서 쫓겨나거나 낮은 관직으로 떨어지거나 사약을 받는 등의 방법으로 긴장감을 높였어.

---

[1] **사헌부** : 사간원, 홍문관과 함께 조선 시대의 '3사'라고 불렸다. 관리들의 잘못을 조사하여 책임을 지게 하고, 백성들의 억울함을 풀어 주던 관청으로 오늘날의 검찰과 비슷하다.
[2] **사간원** : 왕이 펼치는 정치에 대해 충고하여 왕이 바른 정치를 하도록 도왔던 관청. 오늘날의 언론 기관과 비슷한 역할을 했다.

세 번째 놀이마당

기술겨루기

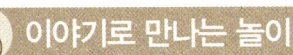 이야기로 만나는 놀이

연을 이용해 군사의 사기를 북돋운 김유신

"여왕이 나라를 다스리니 우리 신라가 이 모양인 겁니다. 고구려, 백제가 신라를 무시하면서 저렇게 국경 지역을 침략하는 것도 다, 우리 신라가 여왕의 다스림을 받는 나라라서 그런 거 아니겠습니까?"

"백성들까지 여왕을 무시한다니, 정말 큰일이오."

"여왕께서 상대등 어르신께 의지해서 나랏일을 하니, 정치에 자신이 없으면 물러나면 될 것을 말입니다. 아예 상대등 어르신 같은 분께서 직접 신라를 다스리시면 신라의 백성들이 얼마나 좋아하겠습니까?"

염종이 슬쩍 비담의 속마음을 떠보았습니다. 비담은 귀족들의 대표인 상대등이어서 왕 다음으로 높은 자리에 있었습니다.

"허허허허. 남들은 왕의 자리가 뭐 대단한 줄 알고 탐내지만, 사실은 아주 고달픈 자리랍니다. 혼자서 나라의 큰일을 결정해야 하니 그 부담이

얼마나 크겠습니까?"

"그러니 연약한 여자인 선덕 여왕이 왕의 책임을 감당할 수 없다는 것 아닙니까?"

"뭐, 여왕께서 제게 의지를 많이 하고 계시기는 합니다만, 그래도 우리 신라는 성골만 왕이 되는 전통이 있지 않습니까?"

"어차피 선덕 여왕이 자식이 없는데, 성골이 무슨 소용입니까. 이러다 엉뚱한 사람을 새 왕으로 섬겨야 할지도 모르니, 어르신께서 결단을 하십시오."

"음……. 신하 된 도리로는 왕을 섬겨야 하지만, 우리 신라를 위해서는 염종 대감의 말이 일리가 있소. 음…… 왕보다는 나라가 더 중요한 법, 내가 우리 신라를 위해 나서 보겠소."

이렇게 해서 비담과 염종은 반란을 일으켰습니다. 647년의 일이었습니다.

　비담과 염종이 갑작스럽게 반란을 일으킨 데다, 워낙 강력한 군사력을 가지고 있어서 단숨에 선덕 여왕이 사는 궁궐까지 쳐들어갔습니다. 궁궐 안에는 궁궐을 지키는 수비군밖에 없었습니다.

　"어서 김유신 장군과 김춘추 공에게 이 사태를 알려라."

　소식을 듣고 김유신이 한걸음에 궁궐로 달려왔습니다. 그러고는 궁궐 수비대를 이끌고 반란군을 궁궐에서 몰아내기 시작했습니다.

　여기저기서 고함 소리와 비명 소리가 터져 나왔습니다.

　한밤에 시작된 전투는 아침이 밝아올 때까지 계속되었고, 결국 김유신과 궁궐 수비대는 반란군을 궁궐에서 몰아내는 데 성공했습니다.

　"여왕 폐하, 반란군을 성에서 몰아내는 데 성공하였사옵니다. 그러나 아직 반란군이 그 죄를 뉘우치지 않고 명활성에 모여 다시 궁궐을 빼앗을 기회를 노리고 있다 하옵니다."

"내가 부덕하여 장군과 군사들이 고생을 하는구려."

"당치 않으십니다. 여왕 폐하의 바다같이 깊은 은혜를 입은 자들이 오히려 여왕 폐하에게 칼을 겨누는 이 상황이 참담할 뿐입니다. 소신 김유신, 목숨을 걸고 역적 무리에게서 여왕 폐하와 신라를 지킬 것이옵니다."

김유신은 눈물을 흘리며 선덕 여왕 앞에 무릎을 꿇었습니다.

이렇게 해서 반란군은 명활성, 김유신과 여왕의 군사는 궁궐이 있는 월성에서 맞서게 되었습니다. 그런데 이미 건강이 좋지 않았던 데다, 가장 믿었던 신하에게 배신까지 당하자 선덕 여왕의 몸은 급격히 쇠약해졌습니다. 결국 반란이 끝나기도 전에 그만 세상을 떠나고 말았습니다. 그리고 선덕 여왕의 사촌 여동생인 진덕 여왕이 신라 제28대 왕의 자리에 올랐습니다.

"아니, 죽을죄를 지은 놈들은 반란을 일으킨 역적놈들인데, 어찌 우리 여왕님께서 운명을 하신단 말인가?"

선덕 여왕의 죽음은 여왕의 군사들에게 큰 충격이었습니다. 선덕 여왕을 위해 목숨을 걸고 싸웠던 군사들은 싸울 의지를 잃어 가고 있었습니다.

그러던 어느 날, 여느 때처럼 반란군과 맞서서 궁궐을 지키던 밤이었습니다.

"아니, 저게 뭔가?"

"뭘 가지고 그리 호들갑이야?"

"저기 저 하늘을 좀 보게. 별똥별이 우리를 향해 떨어지고 있지 않은가?"

"에이그머니! 그렇네. 우리 월성으로 별똥별이 떨어지잖아."

"이를 어쩌나. 불길해, 불길하다고."

김유신의 군사들은 별똥별을 보며 재수 없는 일이 생길 거라고 불안에 떨었습니다. 별똥별은 큰 재앙을 몰고 온다고 믿었기 때문입니다.
　가뜩이나 선덕 여왕의 죽음으로 사기가 떨어진 군사들은 더욱 사기를 잃고 말았습니다.
　"이러다 우리가 지는 거 아닐까? 반란군들은 워낙 군사들이 강하지 않느냔 말이야."
　"어휴. 진덕 여왕님이 계시기는 하지만, 나도 왠지 불안하구만."
　군사들의 사기가 떨어지자, 김유신은 걱정이었습니다. 그러다 좋은 꾀가 떠올랐습니다.

다음 날 김유신은 믿을 만한 군사 몇 명을 불러서 비밀리에 커다란 연을 만들게 했습니다. 그리고 연에 두꺼운 줄을 달아서 횃불을 매달았습니다.

김유신은 칠흑같이 어둡고 바람만 거칠게 부는 밤에 연을 하늘 높이 날렸습니다. 횃불을 환하게 밝힌 채 말입니다. 그러고는 커다랗게 소리쳤습니다.

"저것을 보아라. 우리 궁궐에 떨어졌던 별똥별이 다시 하늘로 올라가고 있다."

군사들이 하늘을 올려다보자, 정말 별똥별이 하늘로 올라가고 있었습니다.

"별똥별이 하늘로 다시 올라가는 것은 하늘도 반란을 용서하지 않는다는 뜻이다. 그러니 모두 용기를 내어 하늘의 뜻을 따라 신라를 지키자."

"신라를 지키자!"

"와! 와!"

군사들의 사기는 하늘을 찌를 듯했습니다. 하늘이 자신들의 편이니 두려울 것이 없었습니다.

명활성에 있던 반란군들도 별똥별을 보았습니다.

"하늘이 우리를 벌 주시는 거야. 돌아가신 선덕 여왕의 영혼이 우리를 용서하지 않으실 거라고."

별똥별이 하늘로 다시 올라가는 것을 보고 있던 반란군들은 두려움에 떨었습니다.

결국 사기가 충천한 여왕의 군사는 쉽게 반란군을 물리칠 수 있었습니다. 반란을 일으킨 비담과 염종은 반역죄로 다스려지고, 다시 신라에는 평화가 찾아왔습니다.

🪁 높이높이 솟아라, 연날리기

하늘에 높이 띄우는 연은 한자로 솔개 '연(鳶)' 자를 쓰는데, 하늘 높이 나는 모습이 솔개가 나는 모양과 비슷하다고 해서 붙여진 이름이야. 연은 기원전 400년 경에 고대 그리스의 아르타스란 사람이 처음 만들었다고 해. 우리나라에서는 『삼국사기』에 연에 대한 기록이 있는 것을 보아 적어도 삼국 시대부터 연을 날렸다는 것을 알 수 있지.

연날리기는 처음에는 군사적인 목적으로 이용했어. 중국에서는 기원전 200년경에 군사적인 목적으로 연을 이용했다는 기록이 있고, 우리나라에서도 최영 장군이 제주도에서 몽골인의 반란을 막을 때, 연에 군사를 태워 적진에 들어가게 해서 적을 물리쳤다고 하거든. 외국의 유명한 정치가이자 과학자 벤자민 프랭클린은 연을 띄워서 번개가 전기라는 것을 증명하고 피뢰침을 발명했지. 파푸아뉴기니에서는 전통적으로 연을 이용해서 낚시를 해 왔는데, 최근에는 '연낚시'라는 이름으로 낚시꾼들에게 사랑받고 있어. 연낚시는 연에 두 줄의 낚싯줄을 매달아서 한 줄은 낚시꾼이 가지고 있고, 다른 한 줄에는 여러 개의 낚싯줄을 매달아서 미끼를 달지. 그리고 연을 날리면 미끼가 달린 여러 줄의 낚싯줄들이 물속에서 물고기를 유인하는 거야. 한번에 물고기 여러 마리를 낚을 수 있지. 말레이 반도의 원주민들은 큰 연을 돛처럼 이용해서 배를 움직이

가오리연

기도 해. 이렇게 연날리기는 세계 여러 나라에서 사랑받고 있어.

우리나라의 연은 크게 방패연과 가오리연으로 나뉘어. 가오리연은 가오리 모양(마름모꼴)에 위쪽 모서리를 뺀 나머지 모서리에 꼬리를 붙인 연이야. 꼬리 때문에 바람을 잘 탈 수 있어서 조종을 하기 쉽지. 방패연은 직사각형 모양에 가운데 '방구멍'이란 동그란 바람구멍이 있는 연이야. 방패연은 그려진 그림에 따라 연의 머리 가운데에 꼭지(동그랗게 색을 칠하거나 색지를 붙인 것)가 있는 꼭지연, 꼭지가 반달 모양인 반달연, 연의 위아래를 다른 색으로 칠한 치마연 등으로 이름이 달라져. 또 도깨비 그림을 그린 도깨비연, 제비를 그린 제비연처럼 어떤 그림을 그렸는지에 따라 다양한 이름으로 불려.

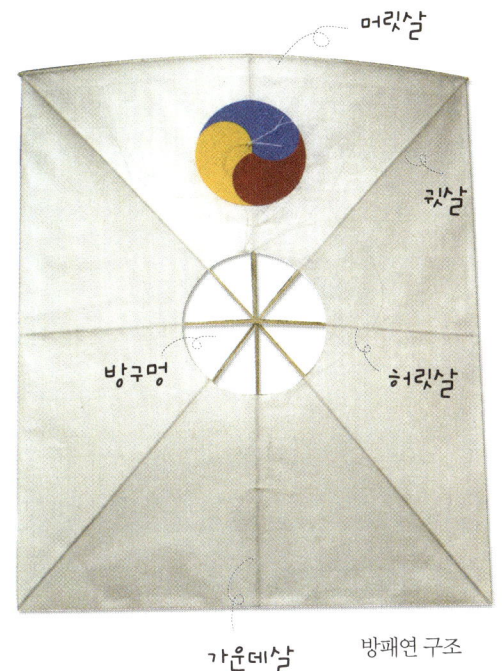

방패연 구조

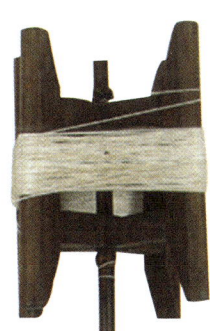

얼레

얼레는 연줄을 감는 기구로 나무로 만들어. 연에 단 연줄을 얼레에 감아 연결하는 거야. 연줄을 감는 기둥이 몇 개인지에 따라 2모 얼레(납작 얼레), 4모 얼레, 6모 얼레, 8모 얼레, 둥근 얼레로 나뉘어.

방구멍은 방패연을 아주 특별하게 만들어. 다른 나라의 연은 높이 띄우거나 화려하게 꾸미는 것을 중요하게 여기지. 하지만 방구멍이 있는 방패연은 세계에서 유일하게 연을 날리는 사람 마음대로 앞뒤, 오른쪽, 왼쪽으로 움직이고 빙글 돌게 조종할 수 있어. 방구멍으로 바람이 통과하기 때문에 아주 강한 바람에도 하늘 높이 날 수 있고, 꼬리가 없기 때문에 더 빠르고 자유자재로 연을 움직일 수 있지. 그래서 연싸움을 하기에 적합해.

　연싸움은 연을 얼마나 잘 조종하는지 겨루는 놀이야. 연을 높이 날린 뒤에 연을 조정하면서 상대의 연줄을 끊는 거야. 연싸움은 연을 조정하는 실력도 물론 좋아야 하지만, 연줄이 튼튼하고 날카로워야 상대 연줄을 쉽게 끊을 수 있지. 그래서 연줄에 사기가루나 돌가루를 동물의 뼈, 가죽을 원료로 만든 접착제인 아교에 섞어 발라서 연줄을 튼튼하고 날카롭게 만들었어.

　정월 대보름에 날리는 연은 특별한 의미가 있어. '액막이'라고도 하는데, 연에 '厄(액: 재앙, 나쁜 일)', '送厄(송액: 나쁜 일을 떠나보냄)', '送厄迎福(송액영복: 나쁜 일은 떠나보내고 복을 부름)' 등의 글씨를 쓰고 연 주인의 이름과 생년월일을 적지. 지난 한 해 동안의 나쁜 일은 모두 없애고, 앞으로 일 년 동안 생길 나쁜 일은 막는다는 의미야. 연이 솟아오르면 연줄을 끊어 하늘 높이 연을 날려 보내. 보름 이후에도 연날리기를 하는 사람은 '고리백정'이라 불렀는데, 연날리기의 재미에 빠져 일을 하지 않는 사람을 흉보는 말이야.

명중이요! 활쏘기

우리 민족은 예부터 활을 잘 쏘기로 유명해. 고구려를 세운 동명성왕은 주몽이라는 이름으로 더 알려져 있지? 주몽은 동명성왕이 태어난 동부여에서 활을 잘 쏘는 사람을 부르는 말이었어. 또한 조선을 세운 태조 이성계 역시 활을 잘 쏘았다고 하지. 그뿐인가? 올림픽 때마다 우리나라 선수들이 금메달을 휩쓰는 종목도 바로 활을 쏘는 양궁이잖아.

그런데 양궁(洋弓)은 외국에서 들여온 활이야. 우리나라 전통 활은 조선 시대의 활인 각궁이야. 그래서 각궁을 양궁과 구분하기 위해 나라의 활이라는 의미로 '국궁(國弓)'이라 부르지. 각궁은 활의 길이가 짧고, 양궁은 활의 길이가 길어. 지금은 국궁보다 양궁이 더 유명하지만, 우리 민족은 전국 각지에서 돌 화살촉, 청동 화살촉, 쇠 화살촉이 발견될 만큼 오래 전부터 활을 즐겼어. 특히 고구려에서 사용된 맥궁은 쇠붙이나 동물 뼈로 만들었는데, 세계에서 가장 강력한 활로 인정받으며 중국 등에 수출할 정도였어.

일본이나 서양이 큰 활을 사용한 것과 달리, 우리나라와 중국, 몽골의 기마 민족은 크기가 작은 활을 사용했어. 일반적으로는 큰 활이 더 강해서 더 멀리 힘차게 날아가지만, 우리나라와 중국

활쏘기 (김홍도 그림, 18세기, 국립중앙박물관 소장)

ⓒThe passing of Korea.djvu

등의 활은 작아도 활을 만드는 기술이 뛰어나서 철로 만든 갑옷을 쉽게 뚫을 수 있을 만큼 강력했어. 또 활이 작기 때문에 말을 타고 달리면서 쏘기에 편했지. 몽골이 유럽을 정복할 수 있었던 가장 큰 이유가 바로 말을 타고 달리면서 갑옷을 뚫을 만큼 강력한 활을 쏠 수 있었기 때문이야. 그 활은 고구려의 영향을 받았어.

　활은 아주 오래전, 구석기 시대에는 사냥 도구로 사용됐어. 사냥감을 쫓아 달리고, 맨손이나 몽둥이 등을 이용해 사냥감을 잡는 것보다는 먼 거리에서 활을 쏘는 것이 더 안전하고 쉬웠겠지. 그 뒤에 활은 적을 공격하는 전투 무기로 쓰이다가, 고려와 조선 시대에는 무기뿐 아니라, 왕이 직접 활쏘기를 즐기고 활쏘기 대회를 열 만큼 몸과 마음을 가다듬는 무예로, 또 즐거움을 위한 놀이로 사랑받았어. 하지만 임진왜란 때 조총을 이용한 일본군과의 전투에서 밀리면서 활보다 더 강력한 무기인 총에 대한 관심이 높아졌어. 우리나라에서도 이미 고려 말기에 최무선이 화약 제조술을 이용해서 화통도감을 설치하면서 화기를 전쟁에 사용했고, 총을 개발하는 노력이 계속되었지. 결국 전투 무기로 총을 사용하게 되면서 활쏘기는 자연스럽게 무기 대신 사냥이나 놀이로만 남게 되었어. 그렇지만 지금도 전국에 활을 쏘는 국궁장이 수백 개나 있을 정도로 사랑받는 전통 놀이야.

쏙 들어가라, 투호

투호는 일정한 거리에 서서 투호병에 화살 같은 긴 막대를 던져 넣는 놀이야. 편을 나누어 어느 편이 더 많이 넣는가를 겨루기도 하는데, 계절에 관계없이 남녀노소 누구나 즐길 수 있는 놀이지.

투호는 삼국 시대에 즐겨 했다는 기록이 있는 오래된 놀이야. 처음엔 왕족이나 양반이 투호를 했어. 옛날 양반들은 몸을 움직이는 것을 싫어해서 격렬하게 움직여야 하는 놀이는 싫어했어. 그러니 가만히 서서 막대를 던지는 투호 놀이가 양반에게 안성맞춤이었던 셈이지. 그래서 왕비를 비롯한 여성들도 투호를 즐겼지.

양반들은 투호를 단순히 놀이라고 생각하지 않고, 마음을 다스리고 예절을 익히는 수단으로 이용했어. 그래서 예절에 대해 정리한 책인 『예기』에 '투호 편'이란 제목으로 투호 놀이 방법과 이름, 점수를 계산하는 방법 등을 자세히 기록했는데, 지금 따라하기엔 아주 복잡해. 예를 들면, 막대를 던지는 사람은 양쪽 어깨가 기울어지지 않고 균형을 이루어야 해. 또 막대를 투호병의 구멍과 투호병의 양쪽 귀에 던져 넣는 것이 서로 점수가 달랐어. 맨 처음

투호도 (작자 미상, 조선 후기, 국립중앙박물관 소장)

ⓒKarendotcom127

던진 화살이 병 구멍에 꽂히는 것을 '유초'라 하여 10산(10점)이 되고, 투호병의 귀에 꽂히면 '초유관이'라고 해서 20산이 되지. 이어서 던진 막대가 연달아 투호병에 꽂히면 '연중'이라 하고 5산이 되는데, 병 구멍에 연달아 꽂히면 '연중관이'라 하여 20산을 주지. 이처럼 막대를 던질 때마다 이름이 다 다르고 점수도 달랐어. 그 밖에도 던진 막대가 투호병 위에 가로놓이면 '횡호', 투호병의 귀 위에 가로놓이면 '횡이'라고 부르는 등 막대의 위치에 따라서도 이름이 다를 정도로 복잡했지.

　이처럼 투호는 노는 방법이 복잡해서 조선 시대 이후에는 점차 사라지는 듯했어. 하지만 전통 놀이를 잊지 않고 보존하려는 노력 덕분에 지금까지 이어지고 있지. 요즘에는 고궁이나 민속 박물관 등에서 누구나 쉽게 투호를 즐길 수 있어.

딱 하고 공을 치자, 장치기

장치기는 장(杖, 막대기)으로 공을 치는 놀이로 태종과 세종, 세조 등 왕에서 일반 어린이에 이르기까지 두루 즐겼다는 기록이 있을 만큼 조선 시대에 사랑받던 놀이야. 놀이 방식에 따라 말을 타고 공을 치는 것을 '격구', 걸어서 공을 치는 것을 '타구(방희, 장구)'라고 불렀어.[1)]

격구는 서양의 폴로와 비슷한데, 페르시아에서 시작되어서 서양에서는 '폴로'로, 우리나라, 중국 등 동양에서는 '격구'로 발전했어. 우리나라에는 발해에서 격구를 했다는 기록이 있어. 고려 시대에는 공민왕이 격구로 무인의 재주를 겨루는 시험을 했고, 단오 때 여자들도 격구를 했어. 조선 시대에는 격구로 군사 훈련도 하고, 무과 시험 과목에 포함될 만큼 유행했지.

격구는 두 편으로 나뉘어서 빨갛게 옷칠한 나무 공을 장시라는 채로 퍼 올려서 지금의 골대 같은 기둥 사이에 넣으며 놀아. 또 다른 놀이 방법도 있어. 격구장 중간에다 구멍 뚫은 나무판을 세워 놓고 구멍 사이로 공을 쳐서 주고받는 거야.

타구는 1미터 정도로 손잡이가 길고 나무 숟가락처럼 생긴 공채로 나무 공을 쳐서 바닥에 파 놓은 여러 개의 구멍 속에 넣으면 점수를 얻어. 모든 구멍에 차례대로 다 넣으면 이기는 거야. 지금의 골프와 비슷하지? 고려 시대에는 '타구'라고 불리다가 조선 시대에는 '방희', '격방'이라고도 불렸

---

1) 장(막대기)으로 공을 치는 놀이라 해서 모두 장치기라 부르기도 하고, 격구가 제일 먼저 시작되었다 해서 모두 격구라 부르기도 했다.

어. 세종과 큰아버지인 정종이 밤을 새워 이 놀이를 즐겼다고 할 만큼 사랑받는 놀이였지.

　장구는 여럿이 두 편으로 나뉘어 하는 놀이란다. 같은 편끼리는 공채로 공을 쳐서 주고받고, 상대편은 공채로 공을 빼앗으려고 하지. 미리 정해 둔 금 밖으로 공을 쳐 내면 점수를 얻지. 지금의 필드하키와 비슷해. 양반들이 하던 격구와 타구는 몸을 움직이는 것을 깔보는 유교 문화 때문에 조선 시대 후기에 점점 사라졌지만, 민간에서 즐긴 장구는 가장 오래 계승되어 왔어.

윙윙 돌고 돌아요, 팽이치기

우리나라 전통 놀이는 겨울에 하던 놀이가 유난히 많아. 팽이치기도 그중 하나야. 얼음이 언 논이나 강, 넓고 평평한 마당, 공터 등에서 추운 줄도 모르고 신나게 팽이치기를 했지. 지금은 다양한 팽이가 나와서 사시사철 어디에서나 팽이를 치지만 말이야.

팽이는 처음에는 '핑이'라 불리다가 지역에 따라 '뺑이', '핑딩', '뺑돌이' 등으로 불렸어. 그 이름들은 팽이가 빙글빙글, 팽팽 돌아가는 모습이나 팽이가 돌 때 나는 윙윙, 핑핑 소리 등에서 나온 이름이야.

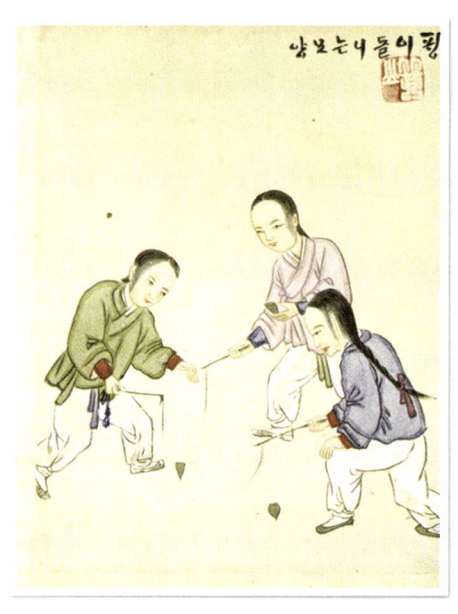

기산풍속도 (김준근 그림, 19세기, 프랑스 국립기메동양박물관 소장)

팽이를 언제부터 가지고 놀았는지는 정확하지 않지만, 고대 이집트 유물에 팽이가 있을 정도로 오래되었어. 상수리 열매, 도토리 등을 손가락으로 빙글 돌리며 놀던 것이 발전해서 팽이가 되었다고도 전해지지. 우리나라는 신라에서 일본에 팽이를 전해 주었다는 기록이 있는 것으로 보아, 삼국 시대 이전부터 팽이치기를 즐긴 것을 알 수 있어.

지금은 팽이를 쉽게 살 수 있지만, 예전에는 직접 만들었어. 할아버지나 아버지가 만들어 주시기도 했고, 솜씨 좋은 아이들은 직접 만들기도 했어. 나무를 둥글게 깎되 아래로 내려갈수록 갸름하게 다듬고, 끝은 뾰족하게 만드는 거야. 나무는 닳기 쉬우니까 못이나 쇠구슬을 팽이 끝에

박아 넣기도 했지. 나무가 단단하고 무거울수록 팽이가 잘 돌았어.

　팽이를 손으로 잡고 돌리거나, 팽이채를 감았다가 휙 빼내며 팽이를 던지면 팽이가 돌아. 그냥 두면 팽이가 쓰러지거나 점점 느려지다 멈추기 때문에 팽이채로 팽이 옆면을 쳐 주어야 하지. 그러면 팽이는 위잉윙 소리를 내며 신나게 돌아. 여럿이 팽이치기를 할 때는 팽이를 돌리다가 팽이채로 치는 것을 동시에 멈추고, 누구 팽이가 더 오래 돌아가는지 시합해. 그리고 서로의 팽이를 부딪쳐서 쓰러뜨리는 팽이 싸움도 했지.

　팽이는 아래로 내려갈수록 점차 뾰족해지는 말팽이, 위아래를 똑같이 뾰족하게 깎아서 양쪽으로 돌릴 수 있는 장구팽이, 상수리, 도토리에 성냥개비를 끼워 만든 상수리팽이, 도토리팽이 등 종류가 다양해. 상수리팽이, 도토리팽이는 손가락으로 잡아 돌리는데, 주로 마루나 방바닥에서 놀았어. 최근에는 긴 줄을 팽이 윗부분의 심지에 걸어서 팽이에 감아 던지는 팽이도 있고, 버튼만 누르면 튕겨 나가며 저절로 돌아가는 팽이도 등장했어.

　팽이치기는 우리나라뿐 아니라 세계 여러 나라에서 즐기는 놀이야. 팽이의 모양이나 재료는 달라도 시간 가는 줄 모르고 열심히 팽이를 돌리며 즐거움을 느낀 것은 똑같을 거야.

일본 팽이 ⓒKeisotyo

하나 둘 셋 넷, 제기차기

제기라는 이름은 처음에는 '뎌기'였다가 점차 '져기', '젹이', '제기'로 변했어. 제기는 주로 남자아이들이 겨울철에 발로 차며 노는 놀이였지만, 지금은 누구나 언제든지 쉽게 놀 수 있어. 제기를 땅바닥에 떨어뜨리지 않고 발로 차올리는데, 누가 더 많이 차는지 겨루지.

논이나 밭에서 잡초 등을 뿌리째 뽑아 놓은 것을 아이들이 발로 차며 놀던 것이 제기차기로 변했다는 이야기가 있어. 또 중국의 축국[2]이 우리나라에 전해져서 양반들이 주로 했는데, 일반 사람들이 가죽 공을 구하기 어려워 대신 제기를 만들어 놀았다고도 하지.

헝겊에 흙이나 말똥 등을 싸서 잡아매어 제기를 만들기도 했어. 현대에 들어서는 라면 봉지나 비닐 조각의 양끝을 가늘게 자르고 가운데에 동전을 넣어 고무줄로 잡아매서 제기를 만들기도 했지. 제기를 만드는 재료들이 참 다양하지? 제기뿐 아니라, 정해진 유니폼이

---

2) **축국** : 『삼국유사』에 김춘추와 김유신이 축국을 했다는 기록이 있다. 축국은 양쪽에 그물을 매단 대나무를 세우고 헝겊 등을 채운 가죽 주머니를 차서 상대의 그물에 많이 넣는 편이 이기는 경기로 요즘의 축구와 비슷하다. 1명에서 3명이 할 때는 제기차기처럼 공을 땅에 떨어뜨리지 않고 연속으로 많이 차는 시합을 한다.

나 도구 없이도 주위에서 쉽게 구할 수 있는 것을 이용해 즐겁게 시간을 보낼 수 있다는 게 놀이의 매력 아닐까?

　제기차기를 잘하려면 제기의 무게가 적당해야 해. 제기가 무거우면 발로 찰 시간도 없이 너무 빨리 떨어지고, 반대로 제기가 가벼우면 아주 천천히 떨어져서 찰 시간을 맞추기가 쉽지 않아.

　제기차기는 제기를 차는 도중에 손으로 받으면 처음부터 다시 시작하고, 땅에 떨어뜨리면 다른 사람에게 순서가 넘어가. 놀이 방법에는 한 발로 제기를 찰 때마다 제기 찬 발을 땅에 딛는 '땅강아지', 한 발을 들고 땅에 딛지 않은 채 계속 차는 '헐랭이', 양발로 번갈아 차는 '어지자지', '종들이기' 등이 있어.

놀이 방법

종들이기

❶ 몇 년 내기를 할지 정한다. 정한 연수를 먼저 채운 사람이 이긴다.
❷ 순서를 정해 번갈아 제기를 찬다.
❸ 이긴 사람이 주인이 되어 진 사람을 종으로 들인다.
❹ 종은 조금 떨어진 거리에서 주인에게 제기를 던져 준다.
❺ 주인이 그 제기를 발로 차면, 종은 제기를 손으로 받거나 바로 찬다. 주인이 찬 제기를 종이 받지 못하면 계속 종들이기를 한다. 종이 제기를 손으로 받거나 자기 발로 차면 역할을 바꾼다.
❻ 주인이 제기를 못 차거나, 진 사람이 제기를 던지는 시늉만 했는데 주인이 착각을 하고 헛발질을 하면 역할을 바꾼다.

돌을 던져 돌 넘어뜨리기, 비석치기

비석치기는 손바닥만 한 납작한 돌을 땅바닥에 세우고 다른 돌을 던지거나 발로 차서 넘어뜨리는 놀이야. '비사치기', '망깨까기', '돌차기' 등으로도 불려.

비석치기라는 이름에 대해서는 두 가지 의견이 있어. 첫째는, 우리나라 지명에는 '무슨 무슨 비석거리'라는 곳이 많은데, 비석이 있던 거리나 마을을 말해. 비석(碑石)은 무덤 앞에 세우는 돌, 혹은 누군가의 업적을 기념하는 송덕비를 말해. 비석치기란 그 송덕비를 쳐서 넘어뜨린다는 의미인데, 옛날에 백성을 괴롭히는 못된 관리가 자신의 업적을 거짓으로 기록한 송덕비를 강제로 세우게 했어. 그 비석을 볼 때마다 백성들이 얼마나 화가 났겠니. 그래서 비석 앞을 지날 때마다 비석을 발길질하고 욕을 했대. 이것이 놀이로 변한 것이라는 의견이야.

또 하나는, 비석치기가 땅에 돌을 세워 놓고 다른 돌을 날려 쳐서 넘어뜨리는 놀이기 때문에 돌을 날린다는 의미의 비석(飛石)에서 유래했다는 거야. 유래는 정확하지 않지만 놀이 방법과 기술이 아주 발달된 놀이라 지금도 전국에서 즐겨 놀아.

비석치기는 비석을 맞추는 방법과 그 이름이 아주 다양해. 지역마다 다르지만, 정해진 놀이 방법 순서대로 해야 해. 비석을 넘어뜨리지 못하거나 자기 비석을 떨어뜨리면, 혹은 넘어지면 공격 순서를 바꿔야 해.

놀이 방법

바닥에 두 줄을 그어서 출발선과 비석을 세울 선을 만든다. 가위바위보를 해서 먼저 할 편을 정하면, 진 편은 자신들의 비석을 나란히 세운다. 이긴 편이 아래의 순서대로 비석을 던져 상대편의 비석을 쓰러뜨린다.

- **던지기** : 첫 번째 놀이로 가장 단순하다. 비석을 던져서 상대의 비석을 넘어뜨린다.
- **뛰어차기** : 비석을 던지고 외발로 뛰어서 비석을 밟은 뒤에 손으로 던져 넘어뜨린다. 한 발, 두 발, 세 발까지 차례로 한다.
- **재기** : 뛰어차기와 비슷하지만 네 발째 뛸 때 비석을 발로 차서 넘어뜨린다.
- **도둑발** : 발등에 비석을 올려놓고 상대의 비석 근처까지 가서 자기 비석을 떨어뜨려서 넘어뜨린다.
- **토끼치기** : 양 발목 사이에 비석을 끼워 깡충 뛰어가서 상대의 비석 위에 자기 비석을 떨어뜨려서 넘어뜨린다.
- **오줌싸개** : 토끼치기와 같은데, 발목 대신 무릎 사이에 비석을 끼운다.
- **배사장** : 배 위에 자기 비석을 올려놓고 걸어가 떨어뜨린다.
- **턱치기** : 턱과 목 사이에 자기 비석을 끼우고 걸어가 떨어뜨린다.
- **장군** : 어깨 위에 자기 비석을 올리고 걸어가 떨어뜨린다.
- **떡장수** : 머리 위에 자기 비석을 올리고 걸어가 떨어뜨린다.
- **장님** : 자기 비석을 던져 놓고, 눈을 감은 채 걸어가서 자기 비석을 찾아 상대의 비석에 던져서 넘어뜨린다.

돌을 던지며 노는 놀이가 또 있어요

돌을 던지는 놀이에 물수제비 뜨기가 있어요. 전 세계에서 하는 놀이인데, 돌을 던져서 물 위를 여러 번 튀기는 놀이에요. 시합을 할 때는 물을 더 여러 번 튀기는 것을 겨루거나 돌이 더 멀리 튀어 가는 것을 겨뤄요. 스코틀랜드에서는 매년 물수제비 뜨기 세계 선수권 대회가 열려요.

ⓒPatagonia

메뚜기를 쳐라, 자치기

자치기는 우리나라 어느 곳에서나 쉽게 볼 수 있던 놀이야. 아시아에 속한 다른 나라에서도 자치기 놀이를 하는데, 특히 인도네시아에서는 자치기를 '벤틱'이라고 부르며 어른과 어린이 모두 즐겨 해.

자치기는 긴 막대기로 짧은 막대기를 쳐서 날아간 거리를 재며 노는데, 긴 막대기를 '채', 짧은 막대기를 '메뚜기', 혹은 '알'이라고 불러. '자'는 막대기를 일컫기도 하고, 길이를 재는 단위를 말하기도 해. 그래서 자치기란 이름은 막대기를 쳐서 날리고, 막대기를 자처럼 이용해서 그 거리를 잰다 하여 붙여진 이름이지. 지역에 따라서는 자치기를 메뚜기가 뛰는 것 같다고 해서 '메뚜기치기', 오뚝오뚝 뛴다고 해서 '오둑테기', 방구를 뀌는 모습 같다고 해서 '토끼방구'라고도 불러.

자치기는 두 편으로 나뉘어서 하는데, 메뚜기를 치는 사람을 '포수'라고 하고, 날아오는 메뚜기를 받는 사람을 '범'이라고 하지.

놀이 방법은 요즘의 야구와 비슷해. 야구에서 타자가 공을 치면 상대 선수들이 그 공을 잡듯이, 자치기에서는 먼저 공격하는 편에서 포수가 나와서 메뚜기를 치면, 상대는 모두 범[3]이 되어서 날아오는 메뚜기를 잡아야 해. 미리 점수를 정해 놓고 놀이를 해서 그 점수를 먼저 따는 편이 이기는 놀이야.

---

3) **범** : 옛 놀이에서는 요즘의 '술래' 역할을 하는 사람을 범이라고 불렀다.

놀이 방법

자치기 놀이는 여섯 개의 놀이로 되어 있다. 여섯 개의 놀이를 한 판이라고 하고, 한 판이 끝나면 포수와 범이 역할을 바꾸어 논다.

- **첫 번째 놀이** : 포수가 땅바닥에 얕게 구멍을 파고 그 위에 메뚜기를 가로질러 놓는다. 그다음 채로 메뚜기를 쳐서 날리고 그 거리를 채로 잰다. 범은 날아오는 메뚜기를 잡아야 하는데, 성공하면 범과 포수의 역할을 바꾼다. 범이 메뚜기를 잡지 못하면 포수는 다음 놀이로 넘어간다.

- **두 번째 놀이** : 포수가 메뚜기를 공중으로 던져서 바닥에 떨어지기 전에 채로 친다. 범이 잡으면 범이 점수를 얻고, 실패하면 메뚜기가 떨어진 곳에서 구멍으로 메뚜기를 던져서 떨어진 지점과 구멍 사이의 거리가 두 자보다 가까우면 범이 이긴다. 여기서 '자'는 채의 길이를 말한다.

- **세 번째 놀이** : 메뚜기와 채를 겹쳐 쥔 상태에서 메뚜기만 공중으로 던져 채로 친다. 날아가는 메뚜기를 범이 잡으면 범이 점수를 얻고, 못 잡으면 날아간 거리를 재서 포수가 점수를 얻는다. 단, 범이 "몇 동이게?" 하고 물으면 포수가 그 거리를 눈대중으로 미리 재서 맞혀야 한다.
- **네 번째 놀이** : 한손에 채와 메뚜기를 떼어서 쥐고, 메뚜기를 던져 채로 친다. 그 뒤에 점수를 따는 방법은 세 번째 놀이와 같다.
- **다섯 번째 놀이** : 손바닥 위에 메뚜기를 올리고 다른 손으로 채를 잡고 메뚜기의 한쪽 끝을 친다. 그럼 메뚜기가 빙글빙글 돌며 날아간다. 그때 채로 다시 메뚜기를 힘껏 쳐서 멀리 날린다. 맞지 않으면 포수가 진다. 그다음에 진행되는 방법은 세 번째 놀이와 같다.
- **여섯 번째 놀이** : 메뚜기 한쪽 끝을 구멍에 비스듬히 세워놓고 다른 한쪽 끝을 채로 치면 메뚜기가 공중으로 솟구쳐 오른다. 이때 재빨리 채로 메뚜기를 친다. 그다음은 세 번째 놀이와 같다.

다리를 튼튼하게, 줄넘기

민속놀이 중에 지금까지도 제일 잘 보존된 놀이가 줄넘기인 것 같아. 지금도 체육 시간이나 운동 경기로 줄넘기 놀이를 자주 하잖니. 언제부터 줄넘기를 했는지는 정확하게 알 수 없어. 그러나 임진왜란 때의 의병장 조헌이 아이들에게 줄넘기를 가르쳐서 다리를 튼튼하게 했다는 기록이 있어. 조헌은 자신에게 학문을 배우러 온 사람들에게 줄넘기를 삼천 번씩 시켰다는 이야기도 전해지지. 어쨌건 우리나라에서 줄넘기를 한 것이 적어도 400년은 넘은 거지.

옛날엔 볏짚을 꼰 새끼나 칡으로 줄넘기를 했어. 조선 시대엔 줄넘기를 손에 새끼를 쥐고 뛰는 놀이라는 의미에서 도색희(뛸도蹈 새끼색索 놀희戱)라 불렀대.

줄넘기는 혼자 하는 줄넘기, 혼자 줄을 넘고 있을 때 다른 사람이 줄 안으로 들어와 같이 뛰는 줄넘기, 양 끝을 두 사람이 잡고 있으면 다른 사람이 줄을 뛰어넘는 놀이, 두 사람이 긴 줄을 끝을 잡고 돌리면 다른 사람들이 그 줄을 넘는 긴줄넘기가 있어. 혼자 하는 줄넘기는 앞으로 뛰기, 손 엇갈려 뛰기, 이단 뛰기 등의 여러 방법으로 할 수 있어. 줄을 뛰어넘는 줄넘기는 누가 더 높은 줄을 넘을 수 있는지 겨루는 놀이야. 발목 높이에서 시작해서 줄을 잡고 만세를 하듯 두 팔을 높이 든 높이까지 하지.

©Iksnigo

> 놀이 방법

긴줄넘기

- **첫 번째 방법**

❶ 두 사람이 긴 줄을 돌리면 나머지 사람이 차례로 줄을 넘는다.

❷ 줄을 넘는 동안 긴줄넘기 노래에 맞춰 다양한 동작을 한다.

❸ 동작이 끝나면 줄에 걸리지 않고 줄 밖으로 나온다.

❹ 그러면 다음 사람이 들어가 다시 줄넘기를 한다.

- **두 번째 방법**

❶ 여러 사람을 두 편으로 나눈다.

❷ 순서를 정해 나중에 하는 편의 두 사람이 긴 줄을 돌린다.

❸ 먼저 하는 편의 사람이 차례로 줄 속으로 들어가 줄넘기를 한다.

❹ 모든 사람이 다 들어가면 긴줄넘기 노래에 맞춰 동시에 다양한 동작을 한다.

❺ 한 사람씩 줄 밖으로 나온다.

❻ 줄에 걸리는 사람이 있으면 역할을 바꾸어 다시 시작한다.

내 다리로 뛰어다니는, 죽마타기

　죽마타기는 대나무로 말을 만들어 타고 노는 놀이야. 어릴 적 친하게 지낸 친구를 '죽마고우'라고 하는 것은 대나무로 만든 말을 함께 타며 놀던 친구라는 말이지.

　지금은 동물원이나 목장에 가야 말을 볼 수 있지만, 자전거, 자동차 등의 교통수단이 발명되기 전에는 말을 타고 다녔지. 하지만 예나 지금이나 말은 귀한 동물이어서 아무나 타고 다닐 수는 없었어. 아이들은 진짜 말을 탈 수는 없으니 그것을 흉내 내어 놀이로 만들었지. 바로 죽마타기야.

　죽마타기는 자기 다리로 뛰어다녀야 하지만, 멋지게 채찍을 휘두르며 '이럇!' 하고 말에게 명령하기도 하고, 또 '히이이잉' 하며 말을 흉내 내기도 했어. 게다가 대나무나 옥수숫대, 혹은 그냥 나뭇가지를 길게 자른 다음, 윗부분을 꺾거나 다른 짧은 나무를 덧대어 말머리를 만들어 붙여서, 누구나 쉽게 죽마를 가랑이 사이에 끼우고 실제 말을 타는 기분을 낼 수 있었지.

　죽마타기는 다른 방법도 있는데, 서양의 서커스에서 높은 장대를 타고 걷는 묘기를 부리는 것처럼 긴 나무대 아래쪽에 발을 올려둘 발판을 고정시켜서 타고 다니는 거야. 두 개를 만들어서 각각 오른발, 왼발을 올려놓고 윗부분을 손으로 잡아 조정하며 걸어. 처음엔 한 걸음 가기도 어렵지만 익숙해지면 친구들과 달리기 경주를 할 만큼 빨리 달릴 수 있게 되지. 친구들보다 더 높이, 더 빨리 대말을 타려고 몰래 혼자 연습하곤 했어.

말타기를 흉내 낸 놀이가 또 있어요!

설마 ⓒ잉여빵

썰매는 눈 위를 달리는 말이라는 의미인 '설마(雪馬)'가 발음이 변하면서 불리게 된 말이에요.

설마에는 두 종류가 있는데, 하나는 굽 없는 나막신처럼 생겨서 밑바닥이 평평해요. 지금의 스키와 비슷해서 짚신에 덧신었어요. 지금도 강원도 대관령 지역에서는 눈이 많이 오면 '설피'라는 덧신을 신발에 덧신지요.

다른 종류의 설마는 지금의 썰매와 비슷해요. 바퀴는 없지만 눈 위를 끌고 가는 수레 역할을 했어요.

밀어라 굴러라, 그네뛰기

놀이터에서 가장 인기 있는 놀이 기구가 뭘까? 아마 그네일 거야. 그네 옆에 줄을 서서 먼저 그네를 타고 있는 친구가 내려오기를 기다리기도 하지. 그네는 '추천'이라고도 부르는 전통 놀이야.

두 기둥에 나무를 가로지르거나 튼튼한 나뭇가지에 길게 두 줄을 매고, 줄 아래에 밑싣개라고 부르는 나무판을 걸쳐 놓아 그네를 만들어. 그리고 나무판

ⓒMinyoung Choi

에 올라서 무릎을 굴려 몸을 앞뒤로 움직이며 놀지. 친구들이 그네 타는 것과 같다고? 맞아, 선조들도 우리와 똑같이 그네뛰기를 해 왔어.

다른 점이 있다면, 예전에는 아무나 그네를 뛸 수 없었어. 그네는 고려 시대에는 상류층의 놀이여서 왕족, 상류 계층이 크게 잔치를 열면서 꽃과 비단으로 화려하게 장식한 그네를 뛰었지. 조선 시대에는 한양의 한복판인 종로 네거리에 화려하게 그네를 매달고 부녀자들을 두 편으로 나누어 시합을 했어.

그네뛰기 시합은 가장 높이 올라간 사람에게 점수를 주는 방법, 높은 곳에 방울을 달아 그네를 뛰어 방울을 울리게 하는 방법, 높은 곳에 있는

ⒸRobert at Picasa

꽃을 입으로 따게 하는 방법 등이 있어. 보통 한 사람이 뛰지만, 두 사람이 함께 마주 보고 뛰는 경우도 있고, 나이가 많은 사람은 앉아서 그네를 뛰기도 하지.

그네뛰기는 북쪽의 유목민이 체력 단련을 위해 했던 것이 중국을 거쳐 우리나라에 전해진 거라고 해. 처음엔 남녀 모두 그네뛰기를 했지만, 점차 여자들만의 민속놀이로 바뀌었어. 단옷날 남자들이 모여 씨름을 하며 힘과 기술을 겨룰 때, 여자들은 그네를 뛰며 실력을 뽐냈지.

『춘향전』을 보면, 이몽룡이 단옷날 춘향이가 그네뛰기 하는 모습을 보고 반하는 장면이 나와. 여자들의 바깥출입이 자유롭지 못하던 때이니, 단옷날 그네뛰기는 마을 아가씨들을 볼 수 있는 흔치 않은 기회였을 거야.

쿵쿵 뛰어 보자, 널뛰기

널뛰기는 다른 나라에서는 찾아보기 어려운 우리 전통 놀이 중 하나야. 긴 널빤지의 가운데 아래쪽에 볏짚을 감아 넣고, 두 사람이 널 양쪽에서 번갈아 발을 굴러 몸을 높이 띄우며 놀지. 힘껏 발을 굴러서 상대를 널에서 떨어뜨리거나, 오래 널을 뛰어 지쳐서 널에서 내려오면 시합이 끝나고 다음 사람이 널을 뛰어.

널뛰기가 시작된 데는 여러 이야기가 전해지고 있어. 바깥출입이 어려웠던 여자들이 담장 밖 세상을 구경하기 위해 널을 뛰며 바깥세상을 구경했다고도 하고, 부인이 옥에 갇힌 남편을 보기 위해 옥 담장 밖에서 널을 뛰어 옥 안에 있는 남편을 살펴본 데에서 시작되었다고도 해. 또 음력 정월 16일을 '귀신날'이라고 하는데, 이 날에는 귀신이 사람을 따라다닌다고 해서 귀신을 쫓는 다양한 의식을 했어. 귀신이 신지 못하게 신발을 방 안에 두

기산풍속도 (김준근 그림, 19세기, 독일 비엔나민족학박물관 소장)

거나 가시나무 가지를 문 아래에 걸어 두어서 가시가 귀신의 목에 걸려 집에 못 들어오게 했지. 또 대문에 구멍이 가는 체를 걸어 두면 귀신이 체의 구멍을 세다가 날이 밝아서 돌아간다고 믿었어. 그 밖에도 부적을 붙

이기도 하고, 널뛰기를 해서 귀신을 쫓기도 했어. 널을 쿵쿵 뛰는 것을 귀신의 머리를 때리는 것이라고 생각했지.

  널뛰기는 주로 정월(음력 1월)에 하는데, 곱게 차려 입은 치마허리를 질끈 묶고, 동네 여자들끼리 어울려 널뛰기를 했지. 처음 널을 뛸 때는 잘못 뛰어 옆으로 떨어지지 않을까 겁도 나지만, 차츰 익숙해지면 사람 키보다 더 높이 뛸 수 있어. 그리고 여러 묘기도 부릴 수 있어. 높게 뛰어올라 한 바퀴를 빙그르르 돌아서 내려오기도 하고, 두 발을 동시에 앞으로 쭉 뻗었다 내려오기도 하지. 이렇게 널뛰는 것을 '데사리'라고 해. 또 '중등꺽기'라고 해서 높이 뛰어올라 허리를 뒤로 꺾었다 내려오는 방법도 있지.

  강원도에서는 널을 너무 오래 뛰는 사람이 있으면, 주위에서 자기의 치마를 벌리며 '싸래기[4] 받아 개 주자', '싸래기 받아 죽 쑤자.' 같은 노래를 하면서 널뛰는 사람을 웃겨서 널에서 떨어지게 했어. 그래야 여러 사람이 번갈아 널을 뛸 수 있으니까 말이야.

  널뛰기는 운동을 할 기회가 거의 없는 여자들이 다리의 힘을 기르고 균형 감각을 키울 수 있던 놀이야. 또 널뛰기 노래를 부르며 이웃 간에 친목을 쌓은 흥겨운 놀이야.

---

4) **싸래기** : 부스러진 쌀알을 의미하는 싸라기의 방언.

일 년, 이 년, 삼 년, 공기놀이

　공기놀이는 손톱만 한 공깃돌 다섯 알을 가지고 노는 놀이야. 주로 여자아이들이 해 온 놀이인데, 방 안에서도 놀 수 있지. 고구려 시대의 수산리 무덤에서 공깃돌 다섯 알을 가지고 공기놀이를 하는 벽화가 발견되었을 만큼 공기놀이는 오래된 놀이야. 공기놀이는 가축의 작은 뼈를 던져서 점을 보던 행동이 놀이로 변한 거야. 우리나라뿐 아니라 서양에서도 고대 그리스 로마 시대부터 공기놀이를 했을 만큼 오래되었어.

　공기놀이는 전국에서 다양한 방법으로 놀았어. 대표적인 방법은 공깃돌 다섯 알을 바닥에 흩뿌린 뒤에 한 알을 집어 공중에 던지고, 다시 바닥에 뿌린 나머지 공기를 집으면서 던진 공기가 땅에 떨어지기 전에 잡는 방법이야. 말로 설명하면 복잡하지만, 실제로 해 보면 그리 복잡하지 않아. 이런 방법으로 바닥에 뿌린 공기알을 한 알, 두 알…… 이렇게 수를 늘려 가며 잡아.

　하지만 꼭 작은 공기알만 있었던 건 아니야. 작은 주먹만 한 천 주머니에 콩이나 팥, 모래 등을 넣어서 아주 큰 공기를 만들기도 했어. '콩 주머니'라고 부르는 것과 같지. 큰 공기 두 개를 공중에

공기놀이(윤덕희 그림, 18세기, 국립중앙박물관 소장)

던져서 양손으로 번갈아 받는데, 서커스에서 광대들이 사과 같은 물건을 양손으로 공중에 빙글빙글 돌게 던지며 받는 것과 노는 방법이 같아. 놀이에 익숙해지면 공기 수를 늘려서 재주를 부릴 수도 있지. 다른 놀이 방법도 있어. 구기 운동 중에 피구처럼 공기를 던져서 상대방을 맞추는 거야. 상대편이 던진 공기에 맞으면 죽고, 공기를 받을 수도 있지.

공기놀이는 손놀림이 재빨라야 하고 집중해서 조심스럽게 해야 하지만, 몇 번 하다 보면 요령이 생겨서 재미있게 할 수 있어.

한 알, 두 알, 공기알을 늘려 가며 놀이를 하고, 정해진 목표 연수를 1년, 2년 채우며 놀다 보면 저절로 숫자의 개념도 깨닫게 돼. 그뿐만 아니라 같은 편끼리는 협동하고, 다른 편과는 경쟁하면서 자연스럽게 질서 의식이 자라게 되지. 공기놀이뿐이 아니야. 다른 전통 놀이도 놀이를 하는 동안 즐거움뿐 아니라, 놀이의 규칙과 방법을 지키면서 질서 의식이 자라게 되지. 그리고 협동하고 경쟁하면서 다른 사람들과 어울려 사는 방법을 자연스럽게 익히게 돼.

놀이 방법

순서와 몇 년 내기를 할지 정한다. 아래의 순서를 반복해서 정해진 연수를 채운다. 단, 바닥에 있는 다른 공깃돌을 건드리면 안 된다.

- **한알집기** : 다섯 개의 공깃돌을 바닥에 던져서 펼쳐 놓는다. 한 알을 집어 공중으로 던지고, 재빨리 바닥에 있는 공깃돌을 집는다. 공깃돌을 주운 손으로 던진 공깃돌이 떨어지기 전에 받는다. 이렇게 네 번 반복해서 바닥의 공깃돌을 다 잡는다.
- **두알집기** : 한알집기와 같은 방법으로 이번엔 바닥의 공깃돌을 두 알씩 집고 공중에 던진 공깃돌을 받는다.
- **세알집기** : 한알집기와 같은 방법으로 공깃돌 세 알과 나머지 한 알을 차례로 집는다.
- **네알집기** : 공깃돌 다섯 알을 모두 손에 쥐고, 그중 하나를 공중에 던진다. 그사이에 나머지 공깃돌을 바닥에 놓고, 떨어지는 공깃돌 하나를 받는다. 받은 공깃돌을 다시 던지고, 그사이에 바닥에 놓인 공깃돌 네 알을 집어 공중에서 떨어지는 공깃돌을 받는다.
- **꺾기** : 공깃돌 다섯 알을 한 손에 놓고 공중에 던진다. 던진 공깃돌을 손등에 올려 받는다. 다시 공깃돌을 공중에 던진 뒤, 이번엔 손바닥으로 잡는다. 손등에 올린 공깃돌이 세 알이면 삼 년, 다섯 알이면 오 년으로 친다. 꺾기를 할 때는 손등에 올린 공깃돌을 떨어뜨리면 안 되고, 손등에 올린 공깃돌은 모두 한 번에 잡아야 한다.

네 번째 놀이마당

한데 어울리기

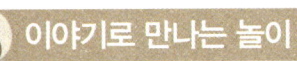 이야기로 만나는 놀이

저희의 등을 밟고 건너소서

"피하셔야 합니다, 폐하. 이제 홍건적들이 코앞까지 들이닥쳤나이다."
"나만 살겠다고 도망을 칠 수는 없다. 끝까지 남아 적들과 맞서겠다."
"아니 되옵니다. 잠시 남쪽으로 몸을 피하신 뒤, 다시 군을 정비하셔서 저들을 물리쳐도 늦지 않사옵니다. 전투에서 수차례 밀고 밀리는 일은 당연한 일, 잠시 피한다 하여 전투에 지는 것은 결코 아닌 줄 아뢰옵니다."
"그렇사옵니다. 혹 폐하와 왕자, 공주마마의 옥체에 무슨 일이라도 생기면 그보다 큰일은 없사옵니다."

1361년 고려 공민왕 때의 일입니다. 홍건적이 고려에 쳐들어왔습니다. 홍건적은 중국 원나라에 반란을 일으킨 무리로, 빨간 두건을 쓰고 빨간 깃발을 사용해서 홍건적이라 불렸지요. 홍건적은 원나라의 군대에 쫓겨 다니면서 여러 차례 고려에 쳐들어왔습니다. 그럴 때마다 고려군이 즉시 그들을 물리쳐서 국경 밖으로 쫓아냈습니다.

그런데 이번엔 아예 작정한 듯 십만여 명의 병력을 이끌고 쳐들어와서 고려 사람들을 죽이고 먹을 것과 재물을 빼앗았습니다. 그러더니 이번엔 왕이 사는 개경까지 밀려오고 있었습니다. 그러자 고려의 신하들이 공민왕에게 남쪽으로 피난할 것을 권하였습니다.

"폐하, 시간이 없사옵니다. 서둘러 결정을 내리소서."

"알았소. 훗날을 기약하는 수밖에. 하지만 장군들에게 서둘러 이곳으로 와서 홍건적들을 물리쳐 백성을 구하라 이르시오."

그렇게 해서 공민왕과 왕비인 노국대장 공주는 피난을 갔습니다. 피난 행렬은 매서운 겨울바람을 뚫고 남쪽으로 남쪽으로 내려갔습니다. 그런데 피난 행렬이 복주목, 지금의 안동 지역에서 멈추는 듯 싶더니, 행렬의 앞쪽에서 웅성거리는 소리가 들렸습니다.

"무슨 일인가?"

공민왕이 의아해하며 물었습니다.

"황공하옵게도 요 앞에 중계천이 있사온데 건널 다리가 없다 하옵니다. 그래서 왕비마마께옵서 건너시기가 어려울 듯하여……."

"나는 괜찮으니 염려 말라 하게. 나도 다른 사람처럼 시내를 직접 건너면 되지 않겠나."

옆에 있던 노국대장 공주가 말했습니다.

"하오나 엄동설한의 차가운 물을 건너시다 감기라도 걸리시면……."

"괜찮네. 상황이 이러한데 어쩌겠나. 피난을 가는 마당에 어찌 편한 것을 찾겠나. 그냥 건너겠네."

노국대장 공주는 중계천 앞으로 걸어갔습니다. 다들 이 모습을 안타깝게 보고 있을 수밖에 없었습니다.

"기다리십시오. 저희가 다리를 놓겠습니다."

어디선가 외치는 소리가 들려왔습니다. 수십여 명의 부녀자들이 달려오고 있었습니다.

"왕비마마가 찬 시내를 건너셔야 한다기에 한걸음에 달려왔습니다. 저희가 다리를 놓을 테니 그 위를 건너십시오."

부녀자들은 말을 마치고는 차가운 중계천으로 들어갔습니다. 그러더니 줄줄이 늘어서서 허리를 굽히고 엎드려 앞사람의 허리를 단단히 잡았습니다. 이렇게 해서 사람 다리가 만들어졌지요.

"내가 어찌 그 위를 걷겠는가?"

노국대장 공주와 공민왕은 할 말을 잃고 말았습니다. 성을 버리고 피난을 가는 자신들을 위해 가녀린 부녀자들이 살얼음이 언 냇물 속에 들어가 자신의 몸으로 다리를 만들었으니까요.

"주저 마시고 건너십시오. 그러기 전에는 여기서 꼼짝도 않을 겁니다."

엎드린 채 다리를 만든 부녀자들이 말했습니다.

"고맙네. 내 이 고마움을 잊지 않겠네."

노국대장 공주는 양손을 부축 받으며 다리 위에 발을 디뎠습니다. 백성들의 따뜻한 마음에 피난의 굴욕도, 겨울 찬바람도 사라진 듯했습니다.

사람으로 만든 다리, 놋다리밟기

놋다리밟기는 고려 공민왕이 안동 지방으로 피난 갔을 때 안동의 부녀자들이 다리를 만들었던 일을 기념하며 시작되었어. 놋다리밟기가 시작된 경상도 안동과 의성에서는 독립된 놀이지만, 전국의 다른 지역에서는 강강술래의 놀이 중 하나인 '기와밟기'라는 이름으로 즐겨 놀아.

놋다리밟기는 매년 정월 대보름달이 떠오르면 곱게 단장한 마을 부녀자들이 모여서 허리를 구부려 앞 사람의 허리를 안고 늘어서서 다리를 만들지. 그 위를 두 시녀의 부축을 받은 공주가 지나가는 거야. 공주가 밟고 지나간 사람은 맨 앞으로 가서 다시 허리를 굽혀 다리를 이었어.

어떤 지역에서는 공주가 다리를 다 지나면 제일 뒤에서 다리를 만들었던 사람이 새로 공주가 되어 다리를 밟고 지나고, 다시 뒤에 있던 사람이 새 공주가 되는 방식으로 번갈아 가며 공주 역할을 해.

©photoren

　공주가 다리를 밟으며 걸어가면 다리를 만든 사람들은 놋다리밟기 노래를 하지. '창립'이라는 여자들이 먼저 노래를 부르면 나머지 사람들이 후렴을 받아서 노래를 해. 창립은 아무나 할 수 없어. 자손을 잘 두고 복을 두루 다 갖춘 나이 든 여자들만 할 수 있어. 이날 만큼은 여자들의 위세가 대단해서 남자들은 놋다리밟기를 하는 곳 근처에 얼씬도 못 했어.

안동 놋다리밟기 노래

어느 윤에 놋다리로
청계산에 놋다리로
공민왕의 놋다릴세
이 터전이 뉘 터이로
나라임에 옥터일세
이 기와가 뉘 기와로
나라임에 옥기왈세
기 어데서 손이 왔노
경상도로 손이 왔네
무슨 꼬깨 싸와 왔노
예계꼬깨 싸와 왔네
몇 대 칸을 밟아 왔노
쉰대 칸을 밟아 왔네
무슨 옷을 입고 왔노
철갑 옷을 입고 왔네
무슨 바질 입고 왔노
자죽 바질 입고 왔네

어느 곳 사이에 놓은 다리냐?
푸른 시내 위에 놓은 다리로
공민왕을 위한 다리다.
이 터전이 누구의 터이냐?
나라의 옥터일세.
이 기와가 뉘 기와냐?
나라의 옥기와일세.
그 어디서 손님이 왔는가?
경상도에서 손님이 왔네.
무슨 고개를 넘어 왔느냐?
예개고개[1]를 넘어 왔네.
몇 칸을 밟아서 왔느냐?
오십 칸을 밟아 왔네.
무슨 옷을 입고 왔느냐?
철갑 옷을 입고 왔네.
무슨 바지를 입고 왔느냐?
명주 바지를 입고 왔네.

1) **예개고개** : 안동 입구에 있는 고개 이름.

정월 대보름에 하는 민속놀이가 많은 것 같아요

달집태우기ⓒ물푸레

둥근 보름달은 풍요를 상징해서 새로운 한 해의 첫 보름달이 뜨는 날을 큰 명절로 여겼어요. 그래서 한 해 동안 나쁜 일을 막고 좋은 일만 생기기를 바라는 마음에서 다양한 세시 행사를 했지요. 달맞이, 달집태우기, 석전, 쥐불놀이, 줄다리기, 차전놀이, 고싸움, 놋다리밟기 등, 다양한 민속놀이를 하면서 마을 사람들이 단결하고 한 해의 계획도 세우며 풍년을 기원하는 거예요. 그리고 정월 대보름에는 건강하게 오래 살라는 의미로 오곡밥, 약과, 부럼, 다양한 나물, 귀밝이술 등을 먹어요.

윷 나와라, 윷놀이

윷놀이는 우리 민족이 가장 좋아하던 놀이 중 하나야. 누구나 쉽게 놀 수 있고, 내용도 흥미진진해서 지금도 설에 즐겨하지. 윷놀이는 인도의 '파치시'라는 놀이에서 시작되었다고 하는데, 여러 나라로 퍼져 나가서 우리나라뿐 아니라 중국, 몽골, 아메리카 원주민, 에스키모도 윷놀이를 즐겼어. 특히 아메리카 원주민들의 윷은 막대 모양

인도의 파치시 ⓒMicha L. Rieser

뿐 아니라 반달 모양, 둥근 모양, 의자 모양 등 다양하다고 해. 재료도 동물의 뼈와 씨앗, 나무 등 다양하지.

우리나라의 윷은 만든 재료에 따라 나무로 만든 가락윷, 작은 밤알만한 나무로 만든 밤윷, 콩을 반으로 쪼갠 콩윷 등이 있어. 우리가 흔히 '윷' 하면 떠오르는 윷은 가락윷일거야. 밤윷은 종지에 담아 흔들다가 바닥에 뿌리며 놀지. 콩윷은 손에 쥐고 흔들다가 뿌리고 말이야.

놀이 방법은 이래. 네 개의 윷을 던져서 윷이 엎어지고 젖혀진 모양을 보고 도, 개, 걸, 윷, 모를 결정해. 그에 따라 말을 말판에서 움직여서 말판의 도착점

으로 나오지. 먼저 4개의 말이 시작점을 출발해서 말판을 돌아 도착점으로 나오면 이겨.

우리나라에서 언제부터 윷을 즐겼는지는 정확하지 않아. 하지만 '도, 개, 걸, 윷, 모'라는 말이 부여의 '마가, 우가, 저가, 구가'라는 관직 이름과 비슷한 것으로 보아 부여 시대부터 윷놀이를 했을 거라 추측하지.

윷놀이 방법은 단순하지만, 말판에서 말을 움직이는 요령에 따라 승패가 결정될 수도 있어서 매우 흥미진진해.

윷놀이는 몇 가지 규칙이 있는데, 상대의 말을 잡을 수 있고, 자신의 말들을 업을 수 있어. 즉, 말을 겹쳐서 함께 이동시킬 수 있는 거지. 또 윷을 너무 낮게 던지면 안 되고, 앉은키보다 높게 던져야 해. 그리고 던진 윷이 깔개 밖으로 나가면 나온 윷패는 무효가 돼.

윷놀이는 재미를 위한 놀이 외에도 풍년을 기원하기도 하고, 설에는 집안 어른이 윷점으로 가족의 한 해 운수를 보기도 하지. 윷을 세 번 던져서 나온 윷패로 운수를 보는데, 조선 시대에 한양(지금의 서울)의 세시 풍속을 기록한 『경도잡지』라는 책에는 윷점의 풀이가 기록되어 있기도 해.

윷의 패를 알아보아요

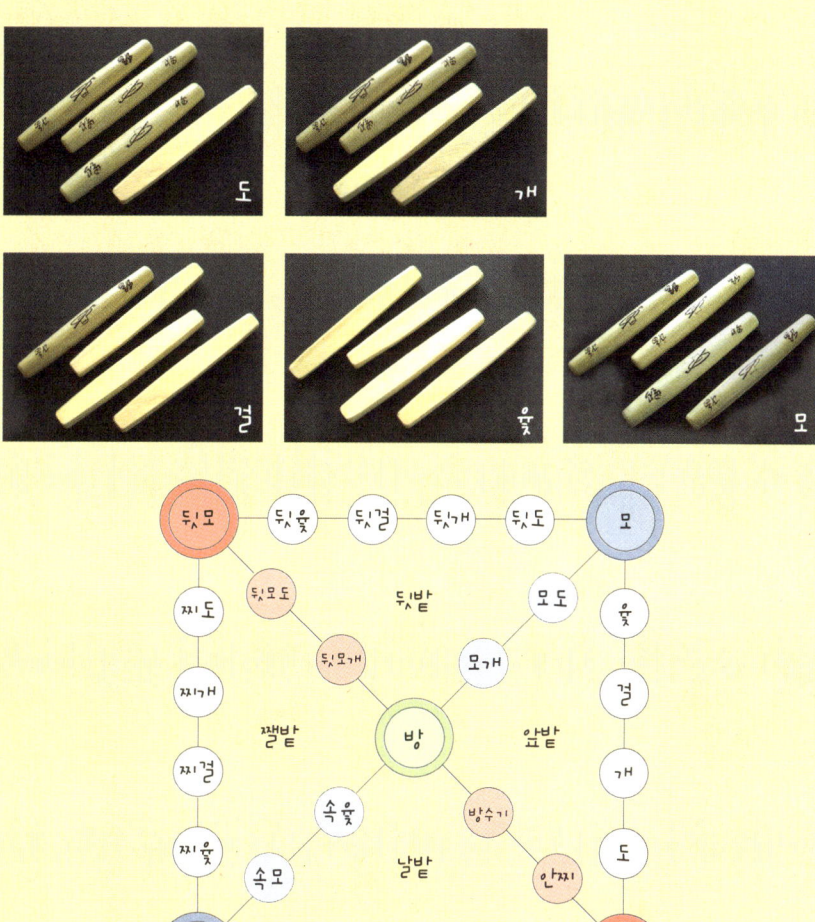

- 도 : 돼지, 1칸 이동
- 개 : 개, 2칸 이동
- 걸 : 양 혹은 염소, 3칸 이동
- 윷 : 소, 4칸 이동과 한 번 더 던짐
- 모 : 말, 5칸 이동과 한 번 더 던짐

팔도 유람을 떠나요, 남승도

　남승도는 '승람도'라고도 하는데, 놀이 방법은 승경도와 비슷해. 하지만 내용은 달라서 관직에서 승진하는 대신, 전국의 이름난 장소(명승지)를 구경하며 전국을 한 바퀴 도는 것이 목적이야. 남승도라는 이름도 '명승유람도'라는 이름을 줄인 거야. 말 그대로 명승지를 유람하는 그림판이라는 거지. 다양한 신분의 남녀노소가 남승도를 즐겼어.

　놀이 참가자는 시인, 무사(혹은 한량), 미인, 승려, 농부와 어부로 역할을 나누어 맡아. 시인부터 숫자 팽이를 돌려서 놀이를 시작하지. 그런데 각 역할마다 어떤 명승지에서는 특권을 행사할 수 있어. 예를 들면 무사

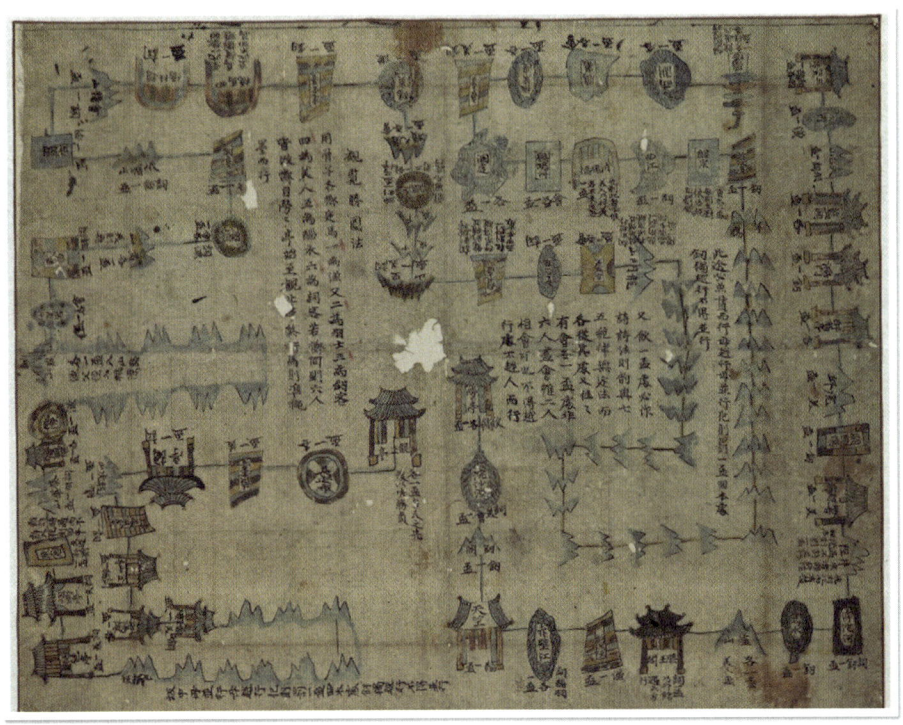

남승도ⓒ성신여대박물관

가 임진왜란 전투로 유명한 진주의 촉석루에 도착하면, 다른 사람이 숫자 팽이를 돌려서 얻은 수를 다 합친 것만큼 앞으로 나갈 수 있어서 경기에 아주 유리하게 되지. 또 미인이 있는 칸에는 승려가 갈 수 없어. 승려는 여자를 멀리해야 하기 때문이지. 그 외에도 지역의 특징을 놀이 규칙으로 만들어서 재미를 더했는데, 섬에 가기 전에 회오리바람을 만나면 바람에 묶여 천천히 가야 하거나, 아니면 바람을 타고 빨리 앞으로 나갈 수 있어. 국경 지역에선 전쟁을 만나기도 하고 말이야.

남승도는 놀이의 재미뿐 아니라, 나라의 명승지를 익히고 풍물을 이해하는 데 도움을 주는 좋은 놀이야.

놀이 방법

❶ 사방이 1미터 정도 되는 종이와 1부터 6까지의 숫자가 적힌 숫자 팽이를 준비한다.
❷ 종이에 가로세로 줄을 그어 칸을 만든다.
❸ 그 칸 안에 명승지 이름과 1부터 6까지의 숫자 중 하나를 적는다.
❹ 보통 한가운데에 적힌 한양(지금의 서울) 칸에서 시작한다.
❺ 숫자 팽이를 돌려서 나오는 수만큼 앞으로 이동한다.

닭을 쫓아 뛰어요, 포계지희

서양에서는 축제 때 꼬리나 목에 빨간 리본을 매단 새끼 돼지를 잡는 놀이를 해. 우리나라에도 그와 비슷한 놀이가 있지. 바로 '포계지희'라는 놀이인데, 마을에 닭을 풀어 준 뒤에 맨손으로 잡는 놀이지. 제주도에서 즐기는 전통 놀이야.

추석이 되면 마을 사람들은 정성껏 키운 닭을 한 마리씩 안고 모여. 그리고 동시에 마을 길에 닭을 놓아 주는 거야. 넓은 앞마당에서 배불리 모이를 먹고 늘어지게 낮잠을 자던 닭들은 어리둥절하지. 그런데 갑자기 사람들이 '휘어이!' 하고 요란하게 소리를 지르며 닭을 쫓는 거야. 닭들은 깜짝 놀라서 '꼬꼬댁!' 하고 요란하게 울면서 날개를 퍼덕이며 길을 내달려. 그러면 사람들은 신호에 맞춰 달아나는 닭을 쫓는 거야.

사람들은 닭을 쫓아 달리고, 닭은 사람에게 잡히지 않으려고 날개를 퍼덕이며 도망가느라 바쁘지. 결국 솜씨 좋은 사람은 닭을 잡는 데 성공해. 그러면 도망치느라 지친 닭은 닭똥을 싸기도 했어.

사람들이 닭똥을 맞으면 더럽다고 난리일 것 같지? 하지만 이날은 닭똥을 맞으면 한 해 운세가 좋다고 해서 오히려 축하를 받았어. "삼돌이가 닭똥을 맞았네. 올해는 장가 가려나 보다.", "순돌이 아버지가 닭똥을 맞았네요. 올해는 물고기를 많이 잡겠어요." 하며 축하의 인사와 함께 한바탕 웃곤 했지.

밀어라 눌러라, 차전놀이

정월 대보름에 하는 차전놀이는 '동채싸움', '수레싸움'이라고도 하는데, 남자들이 단결된 힘을 보여 주는 힘찬 대동놀이야. 사람이 올라탈 수 있게 나무로 만든 동채를 어깨에 둘러맨 수백 명의 남자들이 동편, 서편으로 나뉘어 각 장수의 지휘에 맞춰 서로 승부를 겨루지. 안동의 동채싸움에는 상대편의 동채를 땅에 닿게 하거나 동채를 빼앗는 편이 승리하고, 춘천의 수레싸움은 바퀴가 하나 달린 수레를 서로 부딪쳐서 밀어내어 승부를 내.

우리 선조들이 언제부터 차전놀이를 했는지는 정확하지 않지만, 두 개의 이야기가 전해지고 있어. 고려를 세운 왕건이 안동 지역에서 후백제의 견훤과 전쟁을 하고 있을 때였어. 왕건의 군대가 계속 밀리고 있었지. 그러자 안동의 세력가인 김선평, 권행, 장정필이 왕건을 돕고자 나섰어. 그

들은 수레를 만들어 타고 견훤과 전투를 벌여서 크게 승리했지. 그때의 전투를 기념하면서 논 것이 차전놀이라고도 해.

또 안동 사람들은 견훤을 둔갑한 지렁이라 믿어서, 낙동강 물에 소금을 풀어서 짜게 만든 다음, 팔짱을 낀 사람들이 견훤을 어깨로 밀어 낙동강에 밀어 넣었다는 거야. 그래서 어깨로만 밀어내어 공격하는 차전놀이가 생겼다고 해.

동채를 만드는 방법은 아주 간단하지만, 동채가 가볍고 튼튼해야 싸움에서 이길 수 있기 때문에 아주 정성껏 만들어. 우선 정성껏 베어 온 나무를 'X' 자형으로 단단히 묶어. 그 가운데에 판자와 방석을 얹어서 묶는데, 그곳이 대장이 올라서는 자리지. 그리고 X 자형으로 두 나무가 겹쳐지는 동채 머리에 고삐를 매어 대장이 잡고 지휘할 수 있게 만들어.

차전놀이에 참가하는 사람들을 동채꾼이라고 해. 동채꾼은 적진을 뚫고 들어가서 상대편을 무너뜨리며 자기편의 동채와 대장을 보호하는 머리꾼, 동채를 어깨에 멘 수레꾼, 동채 옆에서 싸움의 상황을 보고 머리꾼이나 수레꾼에 힘을 보태는 몰이꾼과 동채를 지휘하는 대장으로 구성되어 있어.

차전놀이에는 엄격한 규칙이 있어서 규칙을 어기는 편이 져. 대장은 손으로 지휘만 해야 하고, 상대편의 동채 머리를 붙잡으면 안 돼. 머리꾼은 '∧' 형으로 늘어서서 팔짱을 끼고 상대편을 밀어붙이는 공격만 할 수 있어. 손발을 사용해서 상대편을 공격하면 안 되지. 동채꾼 역시 팔짱을 풀면 안 되고 말이야. 동채싸움은 상대편 동채꾼을 헤치고 밀고 들어가서 동채를 눌러서 싸우는 거라 넘어지는 사람이 생길 수 있어. 그러면 일단 싸움을 멈추어 부상당한 사람을 구한 뒤에 다시 승부를 겨루는 신사적인 놀이야.

 차전놀이와 비슷한 고싸움 놀이도 있어요

고싸움은 동채나 수레 대신 고를 만들어 싸우는 게 차전놀이와 달라요. '고'는 한복 옷고름이나 매듭이 풀리지 않게 둥글게 고리처럼 묶은 부분을 말해요. 고싸움은 두 편이 각각 볏짚으로 고리 모양의 아주 커다란 고를 만들어 타고 편싸움을 하는 대동놀이랍니다. 싸움 방법도 차전놀이와 같아서, 상대편의 고를 밀어붙여서 땅에 닿게 하면 이겨요.

꼭꼭 숨어라, 술래잡기

"술래잡기할 사람, 여기 붙어라."

예전에는 동네 공터를 지나다 보면 이런 노래를 자주 들을 수 있었어. 슬쩍 쳐다보면, 한 아이가 엄지손가락을 들고서 이 노래를 부르는 거야. 그러면 친구들이 "나!" 하면서 그 손가락을 잡고, 또 다른 아이가 그 엄지손가락을 잡고…… 해서 손들이 포개져 높게 쌓였단다. 이렇게 해서 함께 놀 무리가 다 모이면 술래잡기를 시작하는 거야. 술래잡기는 지금도 아이들이 가장 즐겨 하는 놀이 중 하나야. 술래잡기는 중국, 일본, 스페인, 프랑스, 독일 등 여러 나라의 아이들도 즐겨 하는 놀이야.

술래잡기의 '술래'는 '순라'가 변한 거야. 순라는 조선 시대에 밤에 거리를 순찰하던 군졸이야. 도둑과 화재 등을 막기 위해 밤에는 사람의 통행을 못하게 했는데, 순라는 그것을 어기는 사람들을 잡았지. 그래서 순라에게 잡히지 않고 피하는 놀이라는 의미에서 '순라놀이'가 생겼고, 이것이 점차 '술래놀이', '술래잡기', '숨바꼭질'로 변한 거야.

놀이 방법

❶ 가위바위보로 술래를 정한다.
❷ 술래는 나무나 전봇대, 담벼락에 눈을 가리고 돌아서서 미리 정해 놓은 수를 센다.
❸ 술래가 수를 세는 동안 나머지 아이들은 숨는다.
❹ 수를 다 세면, 술래는 '찾는다'고 외치고 숨은 아이들을 잡으러 다닌다.
❺ 숨은 아이들은 술래 몰래 숨은 장소에서 나와서, 술래가 수를 세던 나무나 전봇대를 재빨리 친다. 이때 술래가 그 아이를 손으로 치면 '죽는다'.
❻ 술래보다 먼저 전봇대를 쳐서 '산' 아이들은 '꼭꼭 숨어라. 머리카락 보인다.'라고 노래를 해서 숨은 아이들에게 경고를 한다.
❼ 술래가 찾은 아이가 술래가 되어 다시 놀이를 시작한다.

술래잡기와 비슷한 통차기도 있어요

술래잡기와 비슷한 놀이로 통차기가 있어요. 처음에는 두레박을 이용하다 한국 전쟁 이후에 깡통이 들어오면서 빈 깡통에 돌을 넣어 사용했어요. 그래서 '깡통차기'라고도 부른대요.

통차기를 할 때는 바닥에 동그라미를 그리고, 그 안에 통을 놓고 술래가 아닌 아이가 힘껏 차요. 술래가 통을 제자리에 돌려놓는 사이, 다른 아이들은 재빨리 숨지요. 그럼 술래가 아이들을 찾고서 통을 밟으며 '누구 누구 꽝!' 하고 외치지요. 그럼 그 아이는 죽는 거예요. 이렇게 술래가 숨은 아이를 다 찾아요. 그런데 다른 아이가 술래보다 먼저 깡통을 차며 '꽝!' 하고 외치면 지금까지 죽었던 아이들이 다 살아나요. 그럼 술래는 처음부터 다시 시작해야 해요.

이거리 저거리 각거리, 다리셈 놀이

　다리셈 놀이는 추운 겨울에 따뜻한 아랫목에 이불을 깔고 앉아 하기에 딱 좋은 놀이야. 놀이를 하는 사람들이 마주 보고 앉아서 서로 다리를 엇갈리게 놓고, 손으로 다리를 하나씩 짚으며 세어 가고 다시 되돌아오기를 반복해. 재미있는 노래도 부르는데, 노래 가사의 한 글자마다 다리를 하나씩 짚는 거야. 다리셈 노래는 항상 마지막에 '딱' 혹은 '땡' 하고 끝나고, '딱', '땡'에 해당하는 다리는 오므리고 그다음 다리부터 다시 짚으며 노래를 계속하지. 다리셈 놀이는 '딱', '땡'에 두 번 걸려서 두 다리를 다 오므린 사람이 이기는 놀이야. 남은 사람끼리 다리셈 놀이를 계속하다가 마지막까지 다리가 남은 사람이 술래가 되어 벌칙을 받지.

　다른 다리셈 놀이 방법은 손으로 다리를 짚어 가다가 '딱', '땡'에 다리를 짚일 사람이 날쌔게 다리를 오므리는 거야. 미처 다리를 오므리지 못해서 다리를 짚이면 놀이에서 빠져야 하고, 다리를 오므리면 다음 사람이 대신 빠지지. 이런 방법으로 끝까지 남은 사람이 이기는 놀이야.

　벌칙은 술래의 뒷목을 손가락으로 콕 찌른 뒤에 '어느 손?' 하고 묻고, 답을 맞힐 때까지 이를 반복하지. 아주 쉽기 때문에 어린아이들도 쉽게 할 수 있어.

　다리셈 노래는 지역마다, 지방마다 조금씩 달라. 여기에서는 재미있는 경기도와 중부 지방의 다리셈 노래와 경상도 지역의 다리셈 노래를 소개할게.

경기도와 중부 지방의 다리셈 노래

이거리 저거리 각거리 천사 만사 다만사
조리 김치 장독간 총채 비파리 딱

경상도 지역의 다리셈 노래

고모네 집 고모네 집에 갔더니 암탉 수탉 잡아서
기름 동동 뜨는 거 나 한 입 안 주고 자기들끼리 먹더니
우리 집에 와 봐라 팥죽 한 그릇 주나 봐

🥘 신명 나게 돌아 보세, 강강술래

강강술래는 여성들이 하는 대표적인 전통 놀이야. 한가위 밤이 되면 마을 여자들이 마을 공터나 너른 들판에 모여. 여자들은 손을 잡고 둥글게 모여서 오른쪽으로 빙글빙글 돌았어. 목청 좋은 한 사람이 먼저 소리를 하고, 그 뒤를 이어 나머지 사람들이 함께 '강강술래'라고 소리를 받았지. 하늘엔 보름달이 둥실 떠올라 환하게 어둠을 밝히고, 땅에는 여자들이 둥글게 돌며 강강술래 놀이를 하는 거야. 처음엔 소리도 느리고 발걸음도 느리지만, 점점 빠르게 돌면서 소리도 점점 빨라지고 겅중겅중 뛰면서 신나게 강강술래를 해.

강강술래는 여러 단계의 놀이로 되어 있어서 걷기, 뛰기, 멍석말기, 문지기놀이, 청어엮기와 풀기, 고사리끊기, 기와밟기, 남생이놀이 등을 자

ⒸWikimedia

유자재로 넣고 빼면서 놀 수 있지.

바닷가에서 사는 사람들은 달이 차고 기욺에 따라 바다가 움직이기 때문에 달이 바다를 다스린다고 믿었어. 그래서 보름달이 뜨는 날, 달처럼 둥글게 모여 춤을 추고 강강술래 노래를 부르면서 달을 기쁘게 하였지. 그렇게 바다에 나간 가족이 물고기를 많이 낚고 무사히 돌아오기를 빌었던 거야.

강강술래라는 이름의 '강강'은 '감감'이란 전라도 사투리가 변한 것으로 '둥글다'라는 의미이고, '술래'는 '순라군'에서 온 말이야. 그래서 '강강술래'는 둥글게 빙빙 돌며 이리저리 움직인다는 뜻이지.

강강술래는 이순신 장군이 시작했다고요?

강강술래에 대해 가장 유명한 이야기가 바로 이순신 장군이 임진왜란 때 강강술래를 이용해 적을 물리쳤다는 이야기예요. 수백 척의 왜군이 쳐들어오자, 이순신 장군이 동네 여자들에게 남자 옷을 입히고 수십 명씩 나누어 여러 산봉우리를 돌게 했고, 여자들은 손을 잡고 노래를 부르며 빙글빙글 돌았대요. 그 모습을 본 일본군은 우리 군사가 엄청나게 많은 줄 착각하고 되돌아갔고, 승리를 기념하면서 마을 여자들이 한가위나 정월 대보름에 강강술래를 했다는 이야기지요. 하지만 이 이야기는 어디에도 기록이 없어서 사실인지 알 수 없어요. 아마 오래전부터 강강술래가 행해진 전라도와 이순신 장군이 전라 좌수사였던 사실이 합쳐져 만들어진 이야기가 아닌가 추측되고 있어요.

강강술래의 여러 놀이를 알아보아요

- **멍석말기와 풀기** : 멍석을 말듯이, 강강술래를 하다 한 사람씩 달팽이처럼 안으로 말아 들어가다 모두 말리면, 이번엔 방향을 바꾸어 맨 뒷사람부터 차례로 풀며 나온다.

- **문지기놀이** : 두 사람이 머리 위로 손을 맞잡고 문을 만들면 나머지 사람들이 그 문을 지나가면서 문을 통과한 사람들이 차례로 다시 문을 만들어 지난다.

- **청어엮기와 풀기** : 손을 잡아 한 줄을 만든 다음에 맨 앞사람부터 차례로 가장 뒷사람과 그 앞사람이 손 잡은 사이로 들어가고, 다시 뒤에서 두 번째와 세 번째 사람 사이로 들어가는 것을 반복하면, 손이 다른 쪽 어깨에 걸쳐져서 마치 청어를 엮은 모양이 되는 놀이다. 풀기는 반대로 한다.

- **고사리끊기** : 모두 자리에 앉고 한 사람이 일어나서 바로 뒤에 앉은 사람과 잡은 손 위로 넘어가고, 또 그 뒷사람은 자기 뒷사람과 잡은 손 위로 넘어간다.

- **꼬리따기** : 앞사람의 허리를 껴안고 구부린 채 한 줄로 늘어선 다음, 맨 앞사람이 맨 뒷사람을 잡아당겨 줄에서 떼어 낸다.

- **기와밟기** : 놋다리밟기와 같다.

- **남생이놀이** : 강강술래를 하다 두세 명이 원 안으로 뛰어들어 '절래 절래가 잘 논다.'를 부르며 갖가지 춤을 추다 자기 자리로 돌아오면 다른 사람이 뛰어들어 논다.

강강술래와 비슷한 외따기 놀이도 있어요

외따기 놀이는 정월에 풍년을 기원하면서 했던 놀이에요. 사람을 오이에 빗대어 오이를 따는 놀이지요. 강강술래의 꼬리따기와 비슷하지만, 딴 오이를 바구니에 담아 저장하는 것이 다르답니다. 놀이를 하며 '따세 따세 외따세, 많이 많이 외따세.'라고 외따기 노래를 불러요.

달밤에 거닐어요, 다리밟기

기산풍속도(김준근 그림, 19세기, 프랑스 국립기메동양박물관 소장)

다리밟기는 정월 대보름 밤에 다리를 밟고 다니는 세시 풍속이야. 다리밟기를 하면 한 해 동안 다릿병을 앓지 않는다고 하지. 다리 밟는 방법은 지방마다 달라서, 그 지방에 있는 모든 다리를 건너기도 하고, 가장 큰 다리나 가장 오래된 다리를 나이만큼 건너기도 해. 또 열두 개의 다리를 건너면 열두 달 동안 나쁜 기운을 막을 수 있다고도 믿었단다.

정월 대보름 밤이면 유명한 다리 근처는 사람들로 가득했어. 특히 서울의 광교와 수표교 근처는 다리밟기에 나선 사람들로 가득 찼다고 하지. 사람들이 모이는 날이니 형형색색의 고운 옷으로 차려 입은 사람들의 모습은 참 아름다웠단다.

다리밟기는 고려 시대에 시작되었는데, 시간이 지나면서 점차 놀이의 성격이 더해졌어. 농악대를 따라 행진하고, 춤을 추고, 다리 근처에서 밤이 새도록 먹고 마시며 즐기기도 했지.

다리밟기는 남녀노소, 신분에 상관없이 모든 사람이 했는데, 남녀가 함께 다니면 문란해질 수 있다고 해서 여자는 16일에, 양반은 서민과 함께 섞여 다니기 싫다 해서 하루 먼저, 14일에 다리밟기를 하기도 했어.

쌩쌩 돌팔매질을 하자, 석전

정월 대보름이 되면, 추위를 피해 겨우내 방에서 움츠려 지내던 사람들이 기지개를 켜며 밖으로 몰려나왔어. '석전', '편쌈'이라고 불리는 돌팔매질 놀이를 하기 위해서 말이야.

석전은 삼국 시대 이전부터 있었는데, 고구려에서는 새해를 맞이하는 행사였다고 해. 새해가 시작되면 왕이 강에 나와서 차가운 강물 속에 들어갔다 나오는데, 이것은 몸을 깨끗이 해서 새로운 한 해 동안 나라와 백성이 아무 탈 없이 행복하게 살 수 있기를 비는 행동이었지. 그 뒤에 강가에서 사람들이 편을 나누어 상대편에 돌을 던지는 석전을 했어. 석전은 씩씩한 용기를 보여 주는 놀이라서 한 해 동안 나라의 기운이 왕성하게 일어나서 풍요롭고 생명력 넘치기를 바라는 행사였어.

석전은 삼국 시대, 고려, 조선 시대에 왕이 석전을 구경했다는 기록이 있을 만큼 국가적인 행사로 사랑받았어. 그뿐 아니라 전투에서 적을 무찌르는 목적으로 행해졌어. 고려 시대에는 석전을 담당하는 석투반, 석투군이라는 군대가 있었어. 조선의 태종과 세종은 '석전은 놀이가 아니라 무재(싸움 기술)'라고 하여 석전을 중요하게 생각했어. 조선 시대에는 석전 선수들로 군대를 만들어 왜군을 물리쳤지. 특히 임진왜란 때 행주대첩에서도 큰 역할을 했는데, 부녀자들이 짧게 자른 치마에 돌을 날라 석전으로 적에게 큰 피해를 입혔어.

그 뒤에 석전은 전국에서 일반 백성이 즐기는 놀이로 바뀌었어. 특히 서울의 석전이 유명했는데, 지금의 아현동 일대에 사는 사람과 삼대문(동대문, 남대문, 서대문) 밖의 사람들이 편을 나눠 지금의 만리동 고개에서 석전을 했지. 삼대문 밖 사람이 이기면 경기 일대에 풍년이, 아현 사람이 이기면 다른 지방에 풍년이 든다고 했어.

주머니가 불룩하도록 돌멩이를 가득 넣은 남자들이 강이나 언덕, 들판을 사이에 두고 다른 마을 남자들과 마주 서서 상대를 향해 욕을 하면서 약을 올리지. 언제라도 손에 든 돌멩이를 던질 준비를 하면서 상대를 노려보고 말이야. 그러다 '공격!'이라는 대장의 외침이 들리면, 그때부터 정신없이 상대편을 향해 돌팔매질을 시작해. 각 편에서 돌멩이가 무수히 날아다니지.

"너희 마을 남자들은 소 잃고 외양간 고친다며?"

"그런 네놈들은 닭 잡아먹고 오리발 내민다고 소문났더라."

"뭐? 이런 모자린 놈이! 에잇, 맛 좀 봐라."

"아이코!"

욕을 하는 사람, 비명을 지르는 사람, 코에 돌멩이를 맞고 코피를 쏟는 사람, 날아오는 돌멩이를 요리조리 피하는 사람, 씽씽 돌팔매를 돌리는 사람들로 정신이 없지. 던질 돌멩이가 떨어지면 몸으로 치고받고 싸우기도 했어. 그러다 보면 항복하는 사람도 나오지. 항복한 사람이 많은 편이 지는 거야.

 석전을 하다 다치고 죽는 사람도 생기지만, 석전을 하다 생긴 일은 죄를 묻지 않았어. 그런데 일제 강점기 때, 일본은 사람들이 다치는 위험한 놀이라는 핑계로 석전을 금지시켰어. 하지만 사실은 우리 민족이 격렬한 석전을 하면서 마을 사람들끼리 단결하고 용감해지는 것을 두려워했기 때문이야.

활활 불타라, 쥐불놀이

평소에는 거짓말을 못 하게 하지만, 단 하루, 만우절에는 거짓말을 해도 서로 웃고 넘어가지. 물론 악의가 없는 거짓말이어야 하지만 말이야. 이것처럼 평소에는 불놀이를 하면 혼쭐이 나지만, 단 하루, 정월 첫 번째 쥐의 날이나, 정월 대보름에는 마음껏 불놀이를 할 수 있었지. 쥐불놀이를 통해서 말이야.

정월 대보름에는 오곡밥을 먹으며 온갖 곡식과 과일이 무르익어 풍년이 들기를 기원하고, 갖가지 나물과 부럼 등을 먹으며 건강하기를 기원했어. 그리고 쥐불놀이를 했는데, 쥐불놀이는 논밭에 불을 놓아 해충과 쥐를 쫓

ⓒ국립민속박물관

기 위한 목적이 컸어. 그리고 얼어붙은 논밭에 불로 온기를 전해서 봄에 새싹이 잘 자라게 하려는 목적이었지.

  저녁 무렵이 되면 쑥방망이에 불을 붙여서 들로 나서. 그러고는 '쥐불이야!'라고 소리를 지르며 논두렁, 밭두렁에 불을 놓아. 겨울 동안 바짝 마른 들풀들이 활활 타오르는 모습은 아주 장관이었지. 옆 마을 아이들과 서로 겨루기도 했어. 쥐불에 쫓긴 쥐와 해충들이 다른 마을로 다 몰려갈 테니까 말이야.

놀이마당을 나서며

아주 오래전부터 우리가 살고 있는 이곳에서는 참 많은 놀이가 펼쳐졌던 것 같지? 활쏘기, 줄다리기, 공기놀이, 강강술래, 씨름 등등 말이야. 그중에는 지금은 장치기처럼 잘 하지 않는 놀이도 있고, 씨름처럼 운동 경기의 한 종목이 된 것도 있지.

내가 어렸을 적만 해도 골목마다, 마을 공터마다 놀이마당이 펼쳐졌어. 함께 놀기를 원하는 사람은 누구나 참가해서 떠들썩하게 놀았지. 그런데 요즘엔 여럿이 어울려 노는 모습을 보기 힘들어. 집 안에서 혼자 컴퓨터 게임을 하거나 텔레비전을 보는 것이 놀이가 되었지. 고함을 지르고 몸을 움직이며 땀을 흘리는 시간은 학교 체육 시간이나 따로 체육관에 다니는 것밖에 없지. 심지어 따로 시간을 정해서 놀이를 가르쳐 주는 놀이 학원도 있으니 놀이는 이제 배워야 하는 것이 되어 버린 것 같아. 놀이는 우리 생활 속에서 자연스럽게 이뤄지는 것인데 말이야.

놀지 않을 뿐 아니라, 아예 '놀이, 놀다'라는 말을 나쁘게 생각하는 것 같아. 그래서 직업이 없는 사람을 '논다'고 하고, 하는 일 없이 빈둥거리는 사람이나, 상대의 행동을 비웃을 때도 '논다'고 말하기도 하잖아. 하지만 '노는 것'은 아주 중요해. 친구들의 나이일 때는 더욱 그렇지. 놀이는 시간을 헛되이 보내는 것과는 전혀 다르거든.

놀이는 즐거움을 줄 뿐 아니라, 여럿이 어울려 놀이를 하면서 여러 가지를 익힐 수 있어. 놀이 규칙을 정하고 지키면서, 또 서로 협동하고 경쟁하면서 함께 어울려 사는 방법을 익히게 되지. 특히 많은 사람이 어울려 놀이를 할 때는 같은 편끼리 한마음으로 뭉쳐서 고함을 지르며 힘을 다해 상대편을 공격하고, 상대편의 공격 속에서 우리 편을 보호하다 보면, 저절로 내 욕심보다는 우리 편 전체를 위하게 돼. 여러 사람과 함께 어울려 살아가는 공동체 속에서 나의 역할을 깨닫게 되는 거야. 놀이의 즐거움은 그런 게 아닐까? '함께' 어우러져 내 욕심을 잊고 '우리 속에 있는 나'를 깨닫는 것 말이야.

참고한 자료

『강강술래를 찾아서』 나승만 저, 보림

『강의실 밖에서 배우는 민속학』 민속학회 저, 태일출판사

『전래 놀이(겨레 전통 도감)』 함박누리 저, 보리

『대동놀이』 천둥말굽 저, 문학동네어린이

『머리가 좋아지는 재미있는 실뜨기』 실뜨기 탐험대 저, 미세기

『민속놀이』 김광언 저, 대원사

『민속놀이와 명절』(상, 하) 과학백과사전종합출판사 저, 대산출판사

『민속놀이, 축제, 세시풍속, 통과의례』 한국민속학회 엮음, 민속원

『북한학자가 쓴 조선의 민속놀이』 도유호 저, 푸른숲

『세계 속의 민속놀이』 서울특별시교육청 저, 서울특별시교육청

『씨름』 이만기 · 홍윤표 저, 대원사

『아이들 민속놀이 100가지』 김종만 저, 바보새

『우리 민속놀이에는 어떤 이야기가 담겨 있을까?』 서찬석 저, 채우리

『한국의 민속놀이』 심우성 저, 대광문화사

『우리 민족의 놀이문화』 조완묵 저, 정신세계사

『택견』 이용복 저, 대원사

『한국민속대사전』 한국민속사전편찬위원회 저, 민족문화사

『한국민속의 세계 5. 세시풍속, 전승놀이』 고려대학교민족문화연구소 저, 고려대학교민족문화연구원

국립민속박물관 http://www.nfm.go.kr

국립민속어린이박물관 http://www.kidsnfm.go.kr

문화재청 http://www.cha.go.kr

북한지역정보넷 http://www.cybernk.net

우리 문화 포털 사이트, 코리아트넷 http://www.koreartnet.com

우리의 소리를 찾아서 http://www.urisori.co.kr

한국민속대백과사전 http://folkency.nfm.go.kr

한국씨름연구소 http://ynucc.yeungnam.ac.kr/~ssi